重よしの呼吸

料理読本

佐藤憲三

大和書房

重よしのお昼ごはん

林　真理子

重よしさんとは、長いおつき合いになるが、いつまでたっても、敷居の高いお店である。

それは地位のある方や著名人が出入りするから、というのではない。これ以上ないほど清潔に保たれた店内、さりげなく挿された季節の花々、そしてご主人佐藤さんがかもし出す静謐な空気が、こちらに緊張感をもたらすのである。といっても、その緊張感は心地よいもので、こちらも身を正しておいしいものをいただく姿勢といったものだ。

最近、つくり手とお客とが、騒々しくだらけた空気をつくり出している店のなんと多いことか。そこへいくと重よしは全く変わらない。三十代の私がこわごわと足を踏み入れた頃と同じ凛とした空気が漂っている。

ここのお料理をしみじみ美味しいと思ったのは五十代を過ぎた頃

だ。一見もの足りない、地味、と感じた白菜のミルフィーユの自然な甘さ、そして出汁の贅沢さを本当にすごいと思った。これが料理の〝洗練〟ということかと納得したのである。

この本を読んで、思い出したのは重よしさんのお昼ご飯である。重よしさんの裏手のマンションに住んでいた頃、時々いただいた。

品数は多くなく、焼いたお魚に野菜料理、そして小鉢といった献立だったと記憶している。が、定食などと思ったらとんでもない。かなりのお値段で、数人にご馳走してくれた人が絶句していたこともある。

炊き立ての白米に、香り高いお味噌汁、季節の漬けものが添えられる。そして焼物にしても煮物にしても、極上の魚が供されたのだ。山国育ちの私は、大人になるまで干物か糠漬けしか食べたことがなかったが、その魚の素晴らしさははっきりとわかった。今でも日本で一番の昼ごはんだと思っている。

この本を読むと、あの昼食のすごさがよくわかる。シンプルなものにこそ、素晴らしい食材を選び技をかける。重よしさんの精神がはっきりと伝わってくるものだったのだ。

目次

第三章
出汁は鰹昆布出汁には限らない

第四章 「さしすせそ」は忘れましょう

第5章 大切なことはみなお客さまに教わった

本書の使い方

●本書の計量の表記は
小さじ1＝5ミリリットル、
大さじ1＝15ミリリットル、
1カップ＝200ミリリットルです。

●料理をするときは
調味料は製品によって食味に違いがあります。
素材の風味も個体差があります。
必ず味みをして仕上げてください。

第1章

ごはんに一汁一菜もよし

料理を作りたくないときは作らない

毎日のことです。食事を作る労力と時間はとても負担がかかるものです。でも私は食事をとるということは、じつはとても贅沢な時間だと思います。ですから白いごはんとおみおつけと漬け物さえあれば、おいしい食事になります。そうはいっても、毎日そういうわけにはまいりません。今日はやるぞと思ったら、さらに楽しい時間であり、贅沢な時間になると思うのです。

しかし家庭では食事を作るのが大変だといいます。つまり材料を揃える以前に何にしたらよいか思いつかないとも聞きます。そんなに難しく考えずに、もっと簡単に食事の主役と脇役を考えましょう。主役が決まらない時は脇役から入ればいいのです。スーパーや八百屋に並ぶ野菜から入れば、それに合う主役が見つかるはずです。

そして本書に私の修行時代の経験を書いてありますが、自分が今食べたいと思うものを選ぶのもよい方法だと思います。自分がおいしいと思えばほかの人もおいしいんだと信じることです。

まず最初に重よしの味噌汁とお漬け物、そしてお惣菜の話をしましょう。

■味噌汁　煮干しの出汁

家庭の食事に欠かせないものにおみおつけ＝味噌汁があります。味噌は米《こめ》糀《こうじ》、麦麹《むぎこうじ》、豆麹《まめこうじ》で作りますが、この内の味噌二種を混ぜ合わせることを「合わせ味噌」と言い、よりおいしくなると言われています。

現在市販されている一人分ずつのインスタントの味噌汁は大変よくできておりますが、たまに煮干しの味噌汁はいかがでしょうか。

煮干しの出汁は水一・八リットル、昆布八グラム、煮干しは十グラムを用意します。煮干しは頭も腸わたもそのままで丸ごと鍋に入れて弱火でから炒りします。カラッとしたら水と昆布を加えて昆布出汁をとるときと同様に十八～二十分で煮立つように火加減し、煮立つ直前に火を止めて漉《こ》します。再び火にかけ、ここに真っ赤に焼いたお玉をジュッ入れ、わっと蒸気があがるので火を止めます。この蒸気とともに煮干しの生臭みが逃げるのです。

これは昔、辻留《つじとめ》の辻嘉一《つじかいち》さんのご著書『味噌汁三百六十五日』で学びました。これで滋味深い煮干しの出汁になります。辻さんはお玉ではなく火箸をお使いですが、私は手元にあるお玉でしています。

味噌汁になさる場合は、煮干しの出汁は塩分が強いので味噌は塩分の少ないものが一層おいしくなります。それと同じようにあさりやはまぐりなど貝は塩分の少ない味噌で、甘みのあるかぼちゃや里芋、玉ねぎ、かぶなどは甘くない味噌で作ると、味噌汁も変化が出て日々楽しめると思います。

■漬け物　かぶと青菜の浅漬け

最近、若い人たちが漬け物に興味がなくなっている気がします。スーパーマーケットや百貨店の食品売り場で買われる人が多いようです。自分で作ろうという人が少ないのはなぜなのでしょうか。自分で作ると作り過ぎてしまう、なかなかおいしくできない、手間がかかるだろうと思われるのか、よくわかりません。にもかかわらず漬け物の本は数多く出版されているのが不思議です。

私の子供の頃は田舎に行くと夏には砂糖を添えた梅干しや、大きな縞の瓜の奈良漬けがお茶請けに出たものでした。食べ物屋さんに行くと上新香といっていろいろな種類の漬け物を、酒やビールのつまみとして出すお店がよくありました。戦後、皆が貧しかった頃はたっぷりのお漬け物はご馳走でした。冬は白菜の塩漬けや家庭で漬けた沢庵《たくあん》、夏はきゅうりや瓜、大根のぬか漬け、なすの塩漬け、漬かり過ぎたぬか漬けは細かく刻んでかくやにして生姜《しょうが》と一緒に食べる味わいは、たんに郷愁だけなのでしょうか。

市販されている漬け物は色がきれいで、ひとり、ふたりで食べられる量で使い勝手はとてもよいのですが、薬品、合成保存料、アミノ酸などが添加されたのが多いようです。誰もが不安にならない漬け物がもっと販売されてよいはずです。

料理屋で既製品を出されれば、それは艶消しというものでしょう。面倒なことはひとつもありません。その季節の野菜をきれいに水洗いしてざるに上げ、好みの塩のパーセンテージの塩水と昆布で漬ければ、次の日には食べられます。自分の作ったものには安心感があります。昆布のぬめりもよし、食欲のないときには酢を少量かけてみる、青じその葉、穂じそを混ぜてみる、刻んだ生姜を加えてみる、ドレッシングを少し落としてみる。何でもよし、そんな楽しみ方もできるのです。それこそ作り手のオリジナルになります。ぜひお作りになられたらと思います。

重よしでよく作るのは、重しをして漬けるのではなく、塩水を作って冷蔵庫で漬ける方法です。こうすると均一に塩が回って簡単においしい漬け物ができます。青い葉物は青臭さを取り除くために熱湯を通してから漬けるのがコツ。葉つきのかぶでしてみてください。かぶに葉がついていなければ小松菜など手元にある野菜でよいのです。白いみっちりしたかぶと青い葉の組み合わせは、目にもあざやかで歯ごたえもよいものです。

もう少し詳しくお話ししましょう

かぶと青菜の浅漬け

材料（分量適宜）

かぶ、青菜（かぶの葉、または青菜）
　塩、昆布、赤唐辛子…各適量

① 水に2.5～3％の塩を加えて沸かして冷ます。

② 青菜はざるに並べ、たっぷりの熱湯をかけてそのまま冷ます（室温が高い場合はあおいで手早く冷ます）。これで青臭さが取れる。

③ かぶは食べやすい大きさのいちょう切りにする。

④ 青菜とかぶを容器に入れ、①の塩水を注ぎ、浮かない程度の軽い重しをして冷蔵庫で2日ほど漬ける。

⑤ 塩水を静かに捨てて、昆布と赤唐辛子をかぶと青菜の間に入れ、再び軽く（表面まで塩水が上がってくる程度の）重しをして、冷蔵庫でなじませる。翌日くらいから食べられる。

■お惣菜三種　ひじき　卯の花　切り干し大根

子供の頃はひじき、卯《う》の花（おから）、切り干し大根は好きではありませんでした。今思い返すと味わいというよりも見た目の印象がよくなかったのでしょう。ところが二十年ほど前になるでしょうか、五月の連休に唐津の陶芸家中里隆さん宅でひじきをご馳走になったときのおいしさは今も忘れません。ちょうど、生ひじきの旬でした。しゃりしゃりとした食感と野菜の香り、醤油だけの味つけがとても新鮮で、何度もおかわりしたほどでした。それがきっかけになって、ひじき、卯の花、切り干し大根をおいしく煮てみたいと考えました。

ひじきは生ひじきが手に入らなくても、乾燥ひじきを歯ごたえを残してもどすとよいのです。そして隠し味は梅干しです。ぜひお試しください。卯の花は、出汁と醤油だけで煮ます。ぼんやりした味にしないコツはあさりの時《し》雨《ぐれ》煮《に》のような味の濃いもの、銀杏のように香りや歯ごたえのあるもの、さつま芋やかぼちゃなど甘みのあるものを加えることです。それが食べたときのアクセントになって楽しいのです。切り干し大根は特有の臭いがありますが、針生姜を加えると香りよく味のよい、どなたもおいしいと言ってくださる切り干し大根になります。私どもでは毎日大根の皮が出るので、それを干しています。ご家庭でもざるに広げて干せば簡単です。

今ではこれらのお惣菜は私の好物ですし、お客さまにも喜んでいただいています。意外に思われるかもしれませんが、どれも砂糖を必要としません。

また油は香りのない白ごま油かサラダ油を用いてください。砂糖や香りの強い油は食材のもつ本来の香りや甘さ、おいしさを損ねる気がするからです。

もう少し詳しくお話ししましょう

切り干し大根

材料（作りやすい分量）

干した大根の皮（または市販の切り干し大根）…50グラム
油揚げ…1枚　糸こんにゃく…100グラム
針生姜…1かけ分
白ごま油（またはサラダ油）…適量
出汁…2カップ　醤油…大さじ1

① 干した大根の皮は一晩（8時間ほど）水に浸してもどし、せん切りにする（繊維を切る方向に切る）。

② 油揚げは熱湯を通して油ぬきしてせん切りにする。糸こんにゃくは切り干し大根と同じくらいの長さに切ってゆでる。

③ 鍋に油を好みにひき、大根とこんにゃくを入れて炒め、油が回ったら出汁を加えて一煮立ちさせ、油揚げを入れて醤油を加えて煮つめる。煮上がる直前に針生姜を加えて混ぜて仕上げる。

ひじき

材料（作りやすい分量）

ひじき（乾燥）…30グラム
こんにゃく…100グラム
ごぼう…20センチ
にんじん…45グラム
れんこん…60グラム
白ごま油（またはサラダ油）…適量
出汁…1/2カップ
醤油…大さじ1と1/3
梅干しの果肉（細かく叩く）…1個分

① こんにゃくはせん切りにして塩ゆでする。ごぼうは皮をたわしでよく洗ってせん切りにする。にんじんは皮をむいてせん切りにする。れんこんは皮をむいて縦半分か四つ割りにし、小口から薄く切る。

② ひじきはぬるま湯に5分ほど浸してもどし、湯を切って熱湯でさっとゆでて水にとり、水気をきる。

③ 鍋に油をひき、ひじきと①を炒めて油が回ったら出汁を加えて一煮立ちさせ、醤油を加え、煮汁が少なくなるまで煮る。煮上がる直前に梅干しの果肉を加えてさっと混ぜて仕上げる。

卯の花

材料（作りやすい分量）

おから…300グラム
野菜（しいたけ、ごぼう、にんじんなど）…400〜500グラム
塩ゆでした銀杏…適量
ねぎ…1本
あさりの時雨煮…少量
白ごま油（またはサラダ油）…大さじ6
出汁…900ミリリットル
薄口醤油…小さじ2

① 野菜は、おからがなじんで食べやすいサイズに小さく切る。銀杏は半分に切る。ねぎは小口から薄く切る。

② 鍋に油を入れて温め、野菜を加えて火が通るまで炒める。おからを加えて弱火にし、焦げないように鍋底から炒め合わせる。

③ 出汁を加えて一煮立ちさせ、薄口醤油を加えて気長に煮つめ、煮汁が半分以下になったら銀杏、ねぎ、あさりの時雨煮を加えて混ぜ、煮汁が見えなくなるまでゆっくり煮つめる。

＊あさりのしぐれ煮の味によって仕上がりの味わいが異なるので、味をみて薄口醤油、味醂で好みに味を調えるとよい。

第2章

和食の華
魚を知りましょう

食材の価値を知る

人のからだは、その人が食べた物でできている

魚が苦手だという人が若い人や子供に多いのはなぜでしょう。骨がついていたりして食べにくいということもあるかもしれませんが、どうもいちばんの原因は魚臭さのようです。魚は本来生臭いものではありません。買ってきたらすぐにそうじをして、水洗いをして拭きとり、きちっと冷蔵庫に保存すれば、その手間に応えてくれるはずです。

何が魚臭いのか聞いてみると、とりわけ光り物など鮮度落ちしやすい魚を焼いた場合に感じる人が多いようです。それはこんがりと焼けていないのも原因のひとつと思いますが、魚を選ぶときの基本的なことを忘れているからではないでしょうか。季節外れの魚はたとえ鮮度がよくても水っぽかったり、その魚のクセが臭いとして鼻につくことがあります。魚を買うときに

は、その季節においしい魚を選ぶことが肝心です。それには魚屋に自分で出かけて、わからないことは聞いて顔を覚えてもらい、教わることから始めましょう。プロも同じです。経験を重ねてやっと自分で目利きができるようになるのです。

上質な食材を手に入れることはとても難しいことですし、経済的にも大変なことです。和食に用いる魚介類すべてにピンからキリまでの価格があります。それは産地、季節、寸法、輸送にかかった時間と費用などによる差であり、価格は魚の身上書です。それを読み解くには経験が必要です。そうしたなかで「これがほしい」と思ったときは少し無理をしてでも買ってみると、違う世界が見えることに気がつきます。それが魚なら、まず魚の姿かたちの美しさもさることながら、食べたときの豊かさその魚の持つ香り、甘さを知ることができ、少しの贅沢がときには驚くほどの勉強になります。高価なものにはそれなりの価値が必ずあるものです。

市場の楽しみ

　最近は魚介類を市場で買わずにネット販売で注文して産地から直接取るお店が多くなりました。とてもよいことなのですが、ただ、鮮魚など生鮮食品は届くまでは、どんな状態のものなのかわかりません。多少安価なのかもしれませんが、市場で間近でたくさんのものを見比べて、予算に応じたものを見つけた喜び、またそれをどんなふうに料理しようかという楽しみが味わえるのですから、市場に行く価値があるというものです。

　市場には鮪《まぐろ》だけを扱う、天ぷらの種ものを扱う、寿司の材料などを扱うその道の専門の業者がいます。売り手の方が買い手よりもはるかに知識が豊富で、どういう魚がよいか、寸法、色、産地、状態など聞けば何でも教えてくれます。私も若い時分には、どれほど教えてもらったことでしょう。今、市場では若い人が妙に訳知りにものを言ったりするのを見るにつけ、なぜ業者の声に耳を傾けて教えを請おうとしないのだろうか、とても不思議です。現在はあらゆる情報があふれています。多分スマホ等から知識や情報を得ているのでしょう。

私は今は毎週月曜日しか行きませんが、それでも時々はっとするものに出会います。また並んでいる魚介から季節の移ろいがはっきりわかるのも行く意味があるというものです。いつも立ち寄るお店で働いている若い人たちに必ず声かけをするようにしています。それは、いつも気にかけているんだよ、という私なりのメッセージでもあるのです。そうすることでより親しくなって、会話も弾み、ときにわがままも聞いてくれ、その結果よりよい魚を手に入れることができるようにもなるのです。

■魚の煮つけ

今の若い人たちが魚にあまり興味を示さなくなった気がします。私の子供の頃はごはんのおかずに魚の煮つけをよく食べました。鰈《かれい》の煮つけの煮汁が煮こごりになったら、それをごはんにかけて食べたものでした。重よしのお客さまも若い方より年配の方々が鯛のあら煮や魚の煮つけを好むのは、きっと子供の時の郷愁からなのかと思っています。また、煮魚は焼き魚と違って魚の骨の周りまできれいに食べられるのが喜ばれるのかもしれません。

さて、煮つけは料理書などには酒、味醂《みりん》、醤油を合わせて煮立たせ、そこに魚を入れて煮る、と書いてあるのが一般的です。が、私は血やぬめりのある魚はいちど霜降りをしてから水洗いをし、鍋に針生姜《はりしょうが》（針のように細いせん切りの生姜）を敷いて魚を入れ、酒だけで煮ます。酒で煮るのは、出汁に比べて汁の対流が格段によいので魚を包むように煮ることができるからです。煮立って半分ほど火が通ったところで醤油を少し加え、しばらくして再び醤油を加え、味をみます。鯛のアラなどは獲れた場所や季節によっては酒と醤油だけで充分甘みが出ます。つまり上質な甘みのある魚であれば、味醂や砂糖を加える必要がないわけです。一律に調味料を合わせて煮ることが煮つけにふさわしい方法とは思いません。あくまでも作り手の好みでいいのです。

魚の煮つけは、煮えばなをお出しします。表面はつややかな煮汁に包まれていて、箸をいれると魚の身は白い、その煮えばなを身の部分と骨のまわりの味わいの違いを楽しみながら食べるのが魚の煮つけの醍醐味ではないでしょうか。

もう少し詳しくお話ししましょう

なめた鰈《がれい》の煮つけ

材料（2人分）

なめた鰈の切り身…2切れ　針生姜…1かけ分*
酒…1カップ　醤油…小さじ2～適量
味醂…適量

＊ご家庭では、生姜は針生姜にしないで、薄切りでもよい。

① なめた鰈は厚ければ表裏の皮に切り目を入れる。

② 底の平らな鍋（フライパンでも）に針生姜を敷き、切り身の表になる方を上にして置き、酒を身の厚みの7～8割くらいまで注いで火にかける。

③ 酒が煮立ってきたら鍋を前後にかるく揺らし、鍋と切り身の間に熱い酒を通すようにする。これで鍋に切り身がくっつくことはない。

④ 落としぶたをして一煮立ちさせ、醤油の2/3量を入れて5分ほど煮る。味をみて残りの醤油を加えて2分ほど煮て味をみる。もし、お好みで甘みがほしければここで味醂を加える。

⑤ 鍋を傾けて煮汁をすくって切り身にかけてツヤをだしながら、煮汁が鍋底に少し残るくらいまで煮て火を止める。

■鯖《さば》の味噌煮

子供の頃ごはんのおかずに鯖の味噌煮が出ることがありました。どうにも好きになれませんでした。それは信州味噌を使って甘じょっぱく作っていたせいかもしれないし、また鯖のもつ特有の癖が原因ではなかったかと思っています。ところが名古屋の重よしで従業員の賄いで食べた鯖の味噌煮に驚きました。賄いですから当然上等なものではありません。鯖の切り身に小麦粉をたたいて、フライパンに一センチほどの油を入れて焼いて油をきり、水と砂糖と味噌で味付けて煮たものでしたが、あまりにもおいしくて残りの煮汁をごはんにかけて食べたものでした。

あの好きではなかった味噌煮との決定的な違いは赤味噌にあったのです。それも豆麹《まめこうじ》の上等な八丁味噌では苦味または渋みが邪魔をして旨くありません。いわゆる名古屋のどこの家庭でも普通に使われる米糀《こめこうじ》の赤味噌でなければおいしくできないことがわかりました。それと油で焼くことによって鯖のクセを消して煮崩れしないという作り方です。この味噌煮はやや甘めに作ることがコツでしょうか。今では重よしのお遣い物として活躍しています。

もう少し詳しくお話ししましょう

鯖の味噌煮

材料（作りやすい分量　5～6人分）

鯖…1尾
小麦粉、サラダ油…各適量
赤味噌…270グラム
砂糖…100グラム
水…1.8リットル

＊赤味噌は名古屋周辺で用いられている米糀の赤味噌

① 鯖は頭を落とし、腹わたを取り除き、水で腹をきれいに洗い流す。三枚におろし、盛りやすく食べよい大きさに切り分ける。水気を拭いて小麦粉を均一に薄くまぶす。

② フライパンを火にかけて油をやや多めにひき、鯖を重ならないように入れて表面を焼き、裏返して同様に焼く。

③ 底の平らな鍋に味噌と砂糖を合わせて、水を加えて火にかけ一煮立ちさせ、味をみる。焼いた鯖を重ならないように入れ、静か煮立ち続けるくらいの火加減で煮る。途中浮いてくるアクはすくう。落としぶたをしてそのまま約2時間、煮汁がひたひたになるまで煮つめて火を止める。

＊私どもは三枚おろしにしますが、ご家庭では切り身を買われてもよいです。

自家製の干物

今も昔も干物は身近なおかずです。私どもの店でも自家製の干物をお出しすると喜ばれます。干物作りはむずかしいことは何もありません。魚を塩でしめたあと、余分な水分を風に当てて除き、その魚のもつ旨みを引き出す、それが干物です。少し癖があったり煮崩れしやすい水分の多いもの、たとえば鰺《あじ》、鰯《いわし》、かます、鰈《かれい》などが干物に適していると思います。またこれらの魚は干さずに塩焼きにすると、小骨がとても気になりますが、干物にすると身離れがよく、不思議と骨もやわらかくなるような気がします。かますや鰺は、五月ごろから秋口までが脂がのっておいしくなります。そこでこれらを塩味と醤油味の干物にしてみましょう。

うろこをていねいに引き、頭を落とし、内臓を取り除いてきれいに洗います。水気を拭き取って、頭の方から二枚または三枚におろし、魚の両面に塩焼きにする場合と同じ程度の塩をふり、三十分ほどおきます。かなり水分が出てくるので、それをきれいに水洗いして水気を拭き取りましょう。このまま干せば普通の干物になります。

重よしでは、塩味の浸け地か、醤油味の浸け地に、三十分ほど浸けてから干します。一時間も風に当てると表面が乾き、身を押すと弾力のある状態になります。これででき上がりです。時には梅酢に浸けて干すこともします。冷蔵庫で四日ほどもちます。もし生臭さが気になったら酒で拭いてから焼くとよいでしょう。塩味も醤油味もご飯のよいお供です。

もう少し詳しくお話ししましょう

自家製の干物 ※保存は冷蔵庫で4日ほど。

材料（4人分）

かます…2尾　鰺…2尾　塩…大さじ2

塩味の浸け地　[水200ミリリットル
酒50ミリリットル　塩10グラム　昆布適量]

醤油味の浸け地　[酒150ミリリットル
醤油45ミリリットル　味醂5ミリリットル
塩2.5グラム　昆布適量]

① 魚はうろこを引き、胸びれの下から包丁を入れて頭を落とす。腹わたを取り除いてきれいに水洗いして水気を拭き取る。頭の方から包丁を入れて2枚におろす。

② 塩をふり、そのまま30分ほどおき、出てきた水分を洗って水気を拭く。

③ 塩味の浸け地または醤油味の浸け地に浸け、30分ほどおき、串に刺すかざるに広げて風に当てて1時間ほど干す。表面が乾き、指で押すと弾力があるくらいが目安。

④ 食べやすい大きさに切って焼き、好みで生姜の甘酢漬けなどシャリシャリした食感のものを添える。

■長良川《ながらがわ》の五月鱒《さつきます》と春子《はるこ》

鱒に五月がつきますから、おいしい季節はまさに五月です。長良川にはほかのどの湖沼にも負けない文字通り日本一おいしい鱒、〝五月鱒〟と呼ばれる魚がいます。雁屋哲《かりやてつ》さんの『美味しんぼ』でも紹介されましたが、幼魚をあまごといい、何年もかかって最大一キログラムを超える見事な魚体になります。

私が名古屋にいる頃は三百グラムから四百グラム位の鱒しか見たことがありませんでしたが、築地の珍味屋、㐂多品で一キロ前後の鱒が数本トロ箱（木箱）に入っているのに出合いました。岐阜からの列車で汐留に着いたというその値段を聞いて、あまりの高額なことに驚きました。いつか買いたい。いつか手に入れるんだと思い、三年目に買うことができた喜びは今でも忘れません。珍味屋には、三月下旬位から九頭竜川を上る鱒が入りますがそれは「川鱒」と呼び、一方長良川の鱒を業者は「本鱒」と呼んでいました、格の違いなのでしょうか。

食べ方はなんといっても塩焼きで、季節の木の芽酢で食べます。焼くと燃えるほどの脂肪をたっぷりとたたえていながら、口にすると濃厚さのかけらもなくなんともいえない豊かさが広がっていくのです。また醤油焼きそのほかどんな作り方でもおいしく食べられます。尾に近い部分は薄めに切って塩をあて、笹の葉を敷いて鱒寿司に。あるいは塩焼きを炊き込みごはんに乗せて鱒ご飯に、と本当に用途の広い魚です。

しかし、一九九三年河口堰《かこうぜき》がつくられてからは、稚魚のあまごの多くは魚道を上がれず、もはや絶滅に近い幻の魚となってきました。理論的には堰ができても何ら問題はないということでしたが、鮎は律儀にのぼっていくそうですが、あまごの大半は海の藻屑《もくず》となっていったそうです。堰ができて一年後に河口のしじみが多く死滅したと聞きました。科学では解明できないのが自然というものなのでしょう。これ以上開発を進めるのではなく、河川を大切にしてきた人々ためにも末代まで素晴らしい自然を残してほしいものです。

■小鰯《こいわし》の唐揚げ
鰯のつみれ汁　丸干し　有馬煮《ありまに》

身近で大衆的な魚といわれるものに鰯があります。季節と獲れた場所によっては侮れない素晴らしくおいしい魚だと思います。鰯の種類は真鰯《まいわし》、うるめ鰯、片口鰯の三種だけだそうですが、まず正月の田作《たづくり》にするには片口鰯の幼魚に勝るものは見当たりません。うるめ鰯は丸干しやそばなどの出汁に用いるようです。

さて、真鰯ですが、うまい季節は八月くらいから三か月ほど。その時期のふっくらと脂肪がのった十センチ前後の大きさの鰯は唐揚げにしてよし、丸干しにしてよし、酢のものにしてよし、つみれのお椀にしてよし、といいことずくめ。とりわけ産地によっては鰯の魚臭さすら感じさせない極上の魚でもあります。しかし、魚偏に弱いと書いて「いわし」と読むくらいですから、鮮度落ちが激しく、あまり保存がききません。また、最近は潮廻りが変化したのか、私の最も好きな千葉県大原の真鰯が手に入らなくなりました。が、愛知県または大阪湾のこぶりな鰯が九月から出回るようになりました。

　さて料理ですが、新鮮な鰯が手に入ったら、頭をつけたまま唐揚げになさってみてください。下味はつけません。なぜなら水分の多い小魚に塩を当てると揚げるときにパチパチはぜるからです。小麦粉をまぶして即、揚げます。新鮮な鰯は時間を争って手早く料理することが肝心です。そして揚げたてを召し上がれば、そのおいしさに驚かれることでしょう。この料理は冷めたら艶消しです。

　本のタイトルは忘れましたが、北《きた》大《おお》路《じ》魯《ろ》山《さん》人《じん》が小鰯を唐揚げにしてお客さまにお出しする話を読んだことがあります。単価の安い素材でもおいしい季節で鮮度がよければ最高の料理になることがある、と書かれていて、高価な食材が全てに優先するのではなく、食材を見てどのように作ったらおいしいかを考えることが料理の始まりと思いました。

　鰯のつみれ汁もおいしいものです。これは、鮮度さえよければ腹の切れたものや大きなもでもかまいません。コツは決して煮すぎず、汁を沸騰させないことです。煮すぎると旨みがどんどんでてしまって汁が濃厚になり、沸騰させると生臭みがでてきてしまいます。

鰯は頭や腹わたなどを取り除き、手で腹から開いて皮をむきます。包丁で細切りにし、あたり鉢でよくあたり、塩と胡椒《こしょう》でごくうすく下味をつけます。味噌で下味をつける人もいますが、どちらにしても下味はあるかなきかの加減がよいと思います。そこに薄く切ったねぎを手でかたく絞って加え、混ぜ合わせます。これを手で丸めて昆布出汁の中に落とし、火が通ると浮いてくるのですぐにすくってざるに上げましょう。残った汁がスープになります。塩で味をつけ醤油少々で調えます。食べる直前につみれをスープに戻して温め、椀に盛って白髪ねぎをのせ、生姜《しょうが》のしぼり汁を数滴落とします。このように香りは食べる直前に加えることが大切です。

この鰯のすり身は、かるく丸めて酒をふりかけ、蒸して生姜醤油で食べても結構なものです。これもぜひお試しください。

ついでに丸干しのお話もしましょう。なるべく小さい鰯で腹がしっかりしているものを選び、塩焼きする程度に塩をふって三十分ほどおき、水洗いして水気を拭き取り、風通しのよいところで二〜三時間風干ししてください。焼いて食べると鰯の旨さを堪能《たんのう》できるでしょう。

また、私どもでは、残った鰯は山椒の実と一緒に酒と醤油で四時間ほど煮つめて有馬煮にして、お客さまへのお土産に利用しています。

もう少し詳しくお話ししましょう

鰯のつみれ汁

材料（4人分）

鰯…4尾　塩、胡椒…各少々　ねぎ…1本

水…4カップ　昆布…約15グラム

塩、醤油…各適量

白髪ねぎ、生姜のしぼり汁各…適量

① 鰯は頭、腹わた、ひれを取り除き、水洗いして水気を拭き、手で腹から開いて骨を取り除き、皮をむき、細切りにする。

② あたり鉢に①の鰯を入れて塩、胡椒を加え、適度にあたる。ねぎは小口から薄く切って手でかたく絞り、鰯に加えて混ぜ合わせる。

③ 鍋に水と昆布を入れて弱火の中火にかけ、煮立つ直前に昆布を引き上げ、②の鰯を手でかるく丸めて鍋に落としていく。そのとき煮汁は煮立たせないこと。

④ つみれが浮いてきたら順次すくってざるにあげる。

⑤ 煮汁に塩を加えて味をみて、醤油を香りがつく程度に加えて味を調える。

⑥ 食べる直前に④のつみれを⑤の汁に戻して温め（煮立たせないこと）、椀に盛り、白髪ねぎをのせ、生姜のしぼり汁を数滴落とす。

めごちの唐揚げ

釣りをなさる方にはもちろん、一般にも天ぷら種としてよく知られているめごちは、初夏から夏にかけて旬を迎えます。私は小学四年生のとき三か月間だけ沼津にいたことがありますが、朝夕、釣りに出ると、釣れるのはいつもめごちばかりでした。ですからこの季節のめごちの唐揚げにとても思い入れがあります。旬のめごちが手に入ったら、お試しいただければと思います。

料理屋の唐揚げというと、ごく薄く塩をあて、ときには胡椒をふり、小麦粉をつけて揚げ、天つゆやポン酢、塩で食べるのが一般的でしょう。ふぐ、かわはぎのように身がしっかりした魚になると、酒と醤油に浸してから片栗粉をまぶして揚げることがあります。めごちもこれらの魚と同様に身がしっかりしているので、味をのせてから揚げるととてもおいしいのです。

コツはめごちに醤油をからませてから押さえるようにして醤油をしっかりきること。そして、生姜《しょうが》のしぼり汁と胡椒《こしょう》をふり、手で五、六回もみ込み、片栗粉をまぶして揚げます。この方法ですと味が表面だけではなく中まで染み込み、サクッとそしてふっくらと仕上がります。醤油などに一定時間浸け込む方法もありますが、ややもすると身の表面だけがしょっぱくなって、味の濃淡ができたり、身がかたくなったりします。それで、今ではすっかりこの方法で作るようになりました。

またこの応用で、鶏の唐揚げもおいしくできます。短時間で味をのせられるのでお弁当のおかずに大変けっこうだと思います。

もう少し詳しくお話ししましょう

めごちの唐揚げ

材料（2人分）

めごち…6尾（天だね用に開いて売っているものでもよい）
生姜のしぼり汁…1かけ分
醤油…大さじ1
胡椒、片栗粉…各適量
揚げ油…適量

① めごちはぬめりを包丁でよくしごき、頭と腹わたを取り除き、水洗いして水気をふきとり、観音開きにする。

② ボウルに①のめごちを入れ、醤油をふって表面にからめ、汁気をしっかりきる。生姜のしぼり汁と胡椒を加えてよくもみ、片栗粉をうすく均一にまぶす。

③ 180度の揚げ油で揚げる。一度に入れずに時間を少しおいて1分半ほどかけて揚げるとからっと仕上がる。

■ 白皮《しらかわ》　白甘鯛《しろあまだい》

日本の海の魚で一番好きな魚は長い間、鯛でした。三浦半島佐島《さじま》の鯛に始まり、憧れの明石の鯛が入荷できなくなって、鳴門の鯛を飛行機に乗て取り寄せて三十年ほど、最近やっと明石の鯛が活きて市場に入るようになりました。今でももちろん鯛が好きな魚に違いはないのですが、最近どうも白皮と呼ぶ白甘鯛が大変気にいっています。

一白二赤三黄と呼ばれている甘鯛は、水深で色が異なるともいわれますが、そこはよくわかりません。この「一白」と讃えられる白皮は伝説の女性料理人と言われた四谷の丸梅さんが好んで使われた魚です。

さて季節は、大きさは、となってくると、辻留の辻嘉一さんは、甘鯛という魚はほとんど季節のない魚で年中おいしいと書いています。さて寸法はと申しますと一キログラム未満ですと脂ののりが少し悪くて焼くと身が縮み、一・二キロ以上になると格段に脂ののりがよく、焼いても縮みにくくおいしくなります。東京では愛媛県の八幡浜と大分県の豊後の白皮が上質なものとして入荷します。私は紀伊水道の椿泊《つばきどまり》の白皮が好きです。

さてどうやって食べるのか、あらゆる食べ方それぞれに素晴らしくおいしいのですが、甘鯛の一種ですから塩を当てて味をしめておきます。刺身にするのに昆布の必要がないほど甘さが際立ち、頭を焼けば鯛よりも複雑な旨さを感じさせます。

ただ難点を挙げるとすれば、全くクセのない鯛に比べ、ほんの少しクセがあるように思われます。塩焼き、幽庵漬け、西京漬けすべてによく、なかでもフライにするとお菓子を食べているような錯覚に陥ります。

■鯛《たい》の浜焼き

昨今、鯛の浜焼きは瀬戸内（岡山県）のお土産物になりつつあることに不満があります。江戸時代には献上品であったといいます。元々、塩田の塩竈《しおがま》を応用して鯛を蒸し焼きにする技法を考え、保存の効くものとして作られたものが、今日ではお遣い物として利用されるようになったのだと思います。

しかし、取り扱い方と食べ方は丁寧《ていねい》に書かれているのですが、もっと深く価値観を伝える文章にお目にかかりません。私はいただく度に、なぜ鱗《うろこ》をつけたままなのかを考えずにはいられません。そこには驚くほどの英知が隠されているのではないかと思います。

鱗がついたまま藁苞《わらづと》に包まれることによって鯛のもつ脂肪が鱗で守られ、鯛の旨さの全てがそこに存在しているとさえ言えるのです。その上、他の同じくらいの大きさの魚に比べてとても硬い鱗が不思議と食べられることに驚きます。私はこの浜焼きの身をほぐして鯛めしにするのが好きです。えも言われずおいしいものに仕上がると確信します。

重よしの浜焼きの作り方を説明しましょう。つぼぬきといって、えらを取り除いて内臓を腹を切らずにぬきます。きれいに水洗いをして竹皮に包む。本来は藁で包むのですが、藁のくずが散乱するので、大きな竹の皮で覆うように包みます。塩に少し水を加えて火にかけて、その塩を鍋の下に敷き、その上に竹皮で包んだ鯛をのせ、その上から下に敷いたのと同様にした塩で竹皮が見えなくなるくらいまで覆い、細い細い火で小一時間ほど蒸し焼きにします。本来は塩田の脇で熱した完成前の塩の中に入れて一時間ほど蒸すのですが、重よしではそれに近いやり方で細火で加熱するのです。冷めてから取り出しますが、冷蔵庫に保存すれば二週間ほどは全く痛みません。こんな作り方でも浜焼きができるのは大変面白いことだと思っています。

■あまて鰈《かれい》

五月に入り、鯛《たい》が産卵期に入るころには、あまて鰈がちょうど旬を迎えます。鰈のなかでもクセのないたいへんにおいしい魚で、この刺身は鰈のなかでは一番だと思います。まず身の厚さに驚かされます。一キロを超えるものもありますが、どうも八百グラムくらいのものがよいように思います。よくしまった身の味わいの甘さから、鳴門では〝甘手鰈《あまてかれい》〟と呼ぶそうです。

常々、瀬戸内の白身はなんでおいしいのだろう、潮廻り、水深、水温、真水の湧くところがあるなど言われていますが、私には因果関係などまるでわかりませんがとにかく豊饒な海です。そこで漁業に携わる人々が海を大切にしてきたのでしょう。広島県の音戸《おんど》では釣り船の客にコマセを撒《ま》かせないと聞き、そういう地元の人達がいてこそ海が守られてきたのだと思います。

■初鰹《はつがつお》

毎年四月中旬になると房州勝浦あたりの引き網の鰹が入荷します。じつにおいしい魚で、どうやって食べてもおいしい、めずらしい魚です。秋の戻り鰹を喜ばれる方が多いようですが、私は春の鰹が好きです。欠点を言えば、この時期のかつおは旨いまずいがあるかもしれません。

それが鰹だと思うのですが、血の臭いのする鰹も藁《わら》で炙《あぶ》ると気になりません。燃やす藁は一に茅《かや》、二に枯れ芒《すすき》、三に米麦の藁と言われます。実際に焼いてみると米の藁は次から次へとくべないと炎がすぐ弱くなるのに、茅の藁は燃え方が長く持続します。

なお、焼いてから鰹を氷水に落とす人が多いようですが、私は意味のないことだと思っています。燻《いぶ》した藁の香りがほんのりとついた焼きたての温もりのある鰹を、針生姜、みょうが、青じそ、細ねぎなどの薬味と酢醤油で食べるとそのおいしさに驚かれることでしょう。ぜひ、まだ温もりのある鰹のたたきを食べてみてほしいものです。

春の鰹に比べて戻り鰹は、たたきよりも刺身で食べるほうが喜ばれるようです。

■鮑《あわび》の刺身、蒸し鮑

夏が近づくと鮑がおいしくなります。鮑の刺身はお好きな方が多いのですが、年齢を重ねるごとに歯ごたえがありすぎて食べにくくなってきます。店を始めた頃はご高齢の方には、鮑のヘソと呼ばれる柱の部分を薄く切ってお出ししていました。

が、あるとき京都の千花《はな》さんで鮑の硬い表面の部分は剥《へ》いで、縁の部分もきれいに取り除いて、ぶつ切りにした刺身を塩で食べたことがありました。ここまでやらなければいけないのか。ご主人の食に対する向き合い方、お客さまを思う気持ちにひたすら感激しました。その鮑は、見事に磯臭さもなく、歯にも触らず、噛むごとに甘さが口の中にゆっくりと広がっていきます。以来、重よしでもこのようにしてお出ししています。

もちろんお好みはいろいろです。あの硬い食感と磯の香りがしっかり香るのがお好きな方には、隠し包丁をして食べよく切り、鮑の肝にわさび醤油を加えて添えて食べていただきます。

また、六月から九月までを漁期とする千葉県大原の〝まだか鮑〟はとりわけ大きく、身厚で最上とされています。生食には不向きですが、蒸すと大変結構です。蒸し上がった鮑に包丁を入れると極上の香りが立ち上り、口に含むと外側も中も一体感のある食感と甘さが豊かに広がっていきます。蒸し時間はかかりますが、その価値がある料理です。

残念ながら現在、大原の〝まだか鮑〟が非常に少なくなったようです。また、西の鮑は香りに乏しく、関東のものに比べて縮みやすいのです。

もう少し詳しくお話ししましょう

蒸し鮑

材料（作りやすい分量）

まだか鮑…500～800グラム
塩、酒、醤油…各適量

① まだか鮑はたわしで掃除して殻から外し、肝と身に分け、霜降りをしてぬめりを取り除く。

② バットに①の鮑を入れ、酒適量と塩ごく少量加え、バットをアルミホイルで覆い、湯気の上がった蒸し器に入れて3時間ほど蒸す。

③ 肝は酒と醤油で鮑の味よりも濃く調味して煮る。

④ 蒸しあがった鮑を食べやすい大きさに切り、③の肝を添えて盛る。

＊肝を鮑と同じバットで蒸すと汁が濁るので別にする。また、肝を鮑よりも濃い味に調味することで、盛り合わせたときの味わいにアクセントがつく。

鵜《う》飼《かい》の鮎《あゆ》

木下謙次郎氏の『美味求真』の中に鮎は「土用に入りて三週間」がもっともおいしいと書かれています。長良川の鮎を使い続けて四十年以上になります。鮎の解禁日、六月二〇日から、朝のせりにかけた郡上の鮎を新幹線に乗せると東京には午後三時に着くと言われて、それを待っていました。が、たまたま長良橋のやや上流にある鵜匠の家、すぎ山旅館の杉山孝憲さんと親しくなり、それがご縁で鮎を送ってもらえるようになりました。

郡上の鮎と比べると皮もやわらかでふっくらとして大変結構な鮎でした。七月下旬のある日、お客さまから「今晩主人と行くので鮎を焼いてほしい」と頼まれ早速荷を開けたところ、十五から十六センチで、頭から胴にかけて四センチほどの歯形のついた鮎が入っていました。それが献上鮎と呼ばれるものです。御猟場の手前で獲ったもので、このあたりの鮎が長良川ではもっともおいしい場所なのではと思います。以来少量ですが分けてもらえるようになりました。この鵜獲り鮎と同じ場所で獲った網鮎とを同時に食べた人が、鵜が獲った鮎のほうが甘みがあると言ったときには正直驚きました。鮎にストレスがかかっていないということでしょうか。

また、鮎には蓼《たで》がつきものです。蓼《たで》の葉を一枚ずつはがして、あたり鉢でよくあたり、酢を少量ずつ加えてのばして濃いめに作ると、とても香りのよい蓼酢になります。今では葉の細い柳蓼が一般的ですが、九州・四国地方には葉に丸みのある蓼《たで》があります。

■鰺《あじ》のたたき

夏といえば鰺のたたき。私が働いていた名古屋の重よしでは、主人の作る鰺のたたきは本当においしそうでした。手際のよさに加え、素早い包丁さばき、左手を刺身包丁の刃先の背にのせるように添えると、たっぷりの薬味をのせた鰺をタンタンと叩くその様子は本当に美しかった。菜箸で鰺と薬味をあえるように、しかし薬味がつぶれずに盛りつけられていました。

鰺が多すぎたり叩きすぎたり、手早くできずに時間がたったりすると油が浮いて味も見た目もくどくなります。時としてそうしてしまいがちなのですが、魚と薬味のバランス、食べる人の顔を見てから手際よく作ることに気をつけるだけで、素晴らしい料理になるような気がします。

さて最初に充分な薬味を用意してから、鰺を三枚におろして、骨を外し、皮を取り除いて細切りにします。その上に薬味をたっぷり盛って包丁で五、六回叩けば充分です。ふわっと盛りつけ、食べる直前に醤油をほんの少量かけます。

このように作りたてを出せることが家庭料理の強みです。鮮度のよい旬の鰺とたっぷりの薬味を手早く作り、出すタイミングさえ気をつければ、ひと味もふた味も違った叩きができるはずです。どの器を使おうか悩むのも料理の楽しみのひとつです。夏らしくガラスの器に盛ってみるのもよいでしょう。器をお買い求めになる際には色や形だけで決めてしまわずに、この器にどんな料理を盛ったら映えるだろうか、という視点で選んでみてください。きっと使い勝手のよいものが見つかると思います。

■いさきの刺身　鱚《きす》の刺身

刺身は魚の鮮度が何よりの条件ですから、ご家庭でも魚をおろすことからなさるとおいしい刺身になります。魚をおろすのが苦手でも、いさきや鱚のような小さな魚なら簡単です。何度か作るうちに思わぬ楽しみを発見できると思います。

小ぶりな魚のほとんどは網で獲ったものが多く、体の表面のぬめりがとれてるためどうしても水っぽくなりがちです。そこで塩でしめて余分な水分を除き、旨さを引き出す下ごしらえが必要です。まず、うろこと腹わたを取り除き、頭を落として三枚におろします。皮をひき、腹骨をすき取り、小骨は抜きます。いさきの皮は湯引きにして添えるので取りおきます。

両面に塩をふりますが、塩の量は身の厚さで加減しましょう。鱚のように身が薄くて細い魚は、塩がまんべんなく馴染むように水で濡らした和紙で挟んでその紙の上から塩をふります。これを〝紙塩〟といいます。冷蔵庫で三十分ほどおけばよいでしょう。いさきは両面に塩を当てて冷蔵庫に小一時間おいてしめ、水気を拭き取ってさらに昆布じめにします。身と身の間に濡らした昆布を挟んで三十分から一時間おけば充分です。長時間おいたり、昆布で魚を包んだりすると、昆布の香りばかりが立ってしまいます。

食べる直前に細切りにしましょう。塩を当ててあるので醤油では味が濃すぎます。鱚は名残の木の芽のみじん切りと合わせて柑橘の二杯酢で、いさきは煎り酒にしましょうか。柑橘の二杯酢と煎り酒を覚えておけば、薬味を工夫したりサラダのようにあえたり、白身の刺身を自由に楽しめます。

もう少し詳しくお話ししましょう

柑橘の二杯酢

米酢大さじ1、すだち（または柚子）のしぼり汁大さじ1、 出汁少々を混ぜ合わせる。

煎り酒酢

煎り酒大さじ1、米酢大さじ1を混ぜ合わせる。

＊煎り酒は、酒（本来は古酒）1.8リットルに鰹節《かつおぶし》（切れっ端や血合いの部分など欠片）約6グラム、梅干し大3個、塩15グラムを加えて火にかけ、約720ミリリットルになるまで煮つめる。
なますや酢のものに重宝するのでまとめて作っておくと重宝する。

いさきの皮の湯引き

皮は細く切り、熱湯に落としてチリチリと縮んだら引き上げる（目安は3秒ほど）。

■塩鮭《しおじゃけ》の粕漬《かすづ》け

一昔前は鮭といえば塩鮭でしたし、塩引《しおび》きと呼ばれる塩辛い粉《こ》を吹く辛口の塩鮭も普通にありました。近年は流通がよくなって生鮭、甘塩の塩鮭が増えてきました。お求めになる時はどのように料理するかで塩加減を確認しましょう。

また暮れの贈答品として塩鮭など魚介の粕漬けが百貨店などに並んでいて、たいそう人気のようです。粕漬けはじつに簡単なものなので、ご自分で作ってみてはいかがでしょう。ただ酒粕に漬けるだけのことで、鮭が甘い塩辛いの区別なく違う魚に化けたようにおいしくなります。ご自分の好みの塩加減の鮭を選んで漬け、おすそ分けをしたら喜ばれること請け合いです。

ちょうどこの季節はどの酒蔵でも新酒をしぼる時期で、新粕が出回ります。酒屋さんに頼んでおくか直接酒蔵から取り寄せてみてください。その場合、「奈良漬けにする粕を」と注文すると質のよい新粕が手に入ると思います。板粕（板状の酒粕）で作る場合は酒をふりかけて、もんでほぐし、ぽってりとした状態までやわらかくしてから用いてください。

塩鮭にかぎらず、生鮭、鰆《さわら》、鱈《たら》、帆立貝柱なども、塩焼きにするくらいの加減に塩をしてから、塩鮭同様に漬けるとよいのです。

もう少し詳しくお話ししましょう

塩鮭の粕漬け

材料（作りやすい分量）

塩鮭…4切れ

酒粕…（やわらかいもの600グラム）

① 保存容器に酒粕の半量を厚さ1センチほどに平らに敷く。その上にガーゼを広げて塩鮭を重ならないように並べ、上からガーゼをかぶせ、残りの酒粕を平らにかぶせる。

② ふたをして冷蔵庫に入れて2～3日漬けると食べられる。保存の目安は4～5日。

③ 焼く直前に使う分だけ取り出し、（そのままでもよいが）盛りやすく食べやすい大きに切る。水洗いはしないこと。

④ 焼き網を十分に熱し、中火から弱火でゆっくり焼く。粕漬けは焦げやすいので火加減に注意すること。

鰤《ぶり》の粕汁《かすじる》

朝晩に冷えを感じる頃になると、粕汁の時期到来です。丁寧《ていねい》に作るとからだの芯まで温まる上等なひと椀になります。関西では粕汁といえば塩鰤ですが、関東以北では塩鮭でなさることが多いようです。また豚肉でするお家もあれば、油揚げくらいでご精進になさる方もあるでしょう。具が変わっても作り方は同じです。どうぞお好みの具でなさってください。

粕汁には板粕を用います。塩鮭の粕漬けには搾りたてのやわらかい粕をおすすめしましたが、汁物に仕立てるには搾りたての粕はアルコール分が強すぎ、酒臭い粕汁になってしまうからです。粕だけで調味するとぼんやりした味になるので、少量の味噌と醤油で仕上げます。味噌は白味噌が酒粕と相性がよいようです。その時、必ず汁の味をみます。具の魚の塩けによって汁の塩分が違ってくるからです。塩味がきいていたら味噌は入れずに、醤油だけを加えて味を調えましょう。調味料の分量は目安です、必ず味をみてご自分で加減なさってください。

鰤の粕汁

材料（作りやすい分量）

鰤（切り身）…200～250グラム　塩…適量
好みの野菜など（大根、にんじん、里芋、ねぎ、こんにゃく、油揚げなど）…400グラム
酒粕（板粕）…100グラム　酒…適量　白味噌…10グラム
醤油…小さじ2　昆布出汁…4カップ
薬味（七味唐辛子、柚子、溶き辛子など）…適量

① 鰤は塩をたっぷりとふり、1時間ほどおいて身をしめる。

② 野菜などは食べやすい大きさに切る。

③ 酒粕は酒をふってやわらかくして、裏ごしをする。

④ ①の鰤を水洗いして水気を拭き、食べやすい大きさに切り、たっぷりの熱湯に通して霜降りにする。

⑤ 鍋に④の鰤と昆布出汁を入れて火にかけ、アクが浮いてきたらすくい、魚のよい香りがしてきたら野菜などを加え、煮立ってきたら酒粕を溶き入れ、火加減しながら野菜に火が通るまで煮る。味をみて白味噌と醤油で味を調え、火を止める。

⑥ 椀に盛って、七味唐辛子、一味唐辛子、柚子、柚子胡椒など好みの薬味を添える。

■からすみ

日本の珍味に「肥前のからすみ」、「越前の塩うに」、「金沢のくちこ」、「三河（尾張）のこのわた」などがあります。市場（豊洲）では十月に入ると太平洋岸を南下する鯔《ぼら》の子がたくさん出回ります。最近はどのお店も自分のところでからすみ作りをするようになりました。とても素晴らしいことです。しかしなぜ「肥前のからすみ」と呼ばれるかを知っている人は少ないようです。重よしでは壱岐対馬あたりを南下する鯔の子を手当てしています。

作家の遠藤周作《えんどうしゅうさく》さんとお知り合いになってまもなく、「君のからすみもおいしいんだけど長崎にもっと旨いからすみを作る人がいるんだよ」と言われ、先生とご一緒に教えを乞いに伺いました。今は引退なさったとら寿司のご主人大竹豊彦さんです。

大竹さんに、「太平洋岸を南下する鯔の子に虫がいますか、日本海を南下して長崎あたりで獲れた鯔の子には、時として虫が入っていることがあります。どちらがおいしいと思いますか」と問われ妙に納得しました。鯔は台湾で産卵します。長崎（肥前）あたりまで来た鯔の子はきめが細かく最も熟成して旨くなる時期なのではないかと推察します。

からすみを作る過程とともに、最後に味醂《みりん》をくぐらせてから天日に当てると教えていただきました。それはきれいに熟した柿色にするためなのだと聞きました。また十月から十一月にかけては干し柿を作る季節です。この時期の気候が、からすみ作りに最もふさわしいのだということも教わりました。つまり、この時期の気温と適度な湿度が、鯔の子の表面も中のほうも均等な固さに干し上げてくれるのです。何本かに一本は素晴らしいでき栄えのものがあります。皮をむいてひと切れ食べると、特有のねっとりとした歯ごたえとその甘さと鼻から抜ける香りにえもいわれぬ余韻を残してくれるのです。それゆえにからすみに〝肥前〟と冠がつくのでしょう。

■自家製の辛子明太子

辛子明太子は好物で、自分で作りたいと試してみても、どうしてもよい按《あん》配《ばい》に作ることができませんでした。なぜなら市販されている唐辛子はとても辛いので、少なく使ったのでは赤い色がつきません。それが、あるとき韓国の食料品を扱っている店で甘口唐辛子なるものに出合い、それを求めてたっぷり使って好みの色にして、辛口唐辛子を少量加えて作ったところ、じつににおいしい明太子になりました。

生の鱈子《たらこ》の総量の五パーセントの塩を用意し、容器の底に甘口唐辛子をふり入れ、生の鱈子を並べ、甘口唐辛子をかけ、塩と辛口唐辛子を少量かける。これを繰り返して順に重ねて、酒に浸した昆布をのせ、その酒を適量入れて軽い重しをかけます。そのまま二日おいてに昆布を引きあげ、さらに四〜五日おくと、重よしの明太子ができあがります。これは市販されているものと作り方は異なると思いますが、おいしければ結構と思っています。

第3章

出汁は鰹昆布出汁とは限らない

日本料理に欠かせないのは昆布と鰹《かつお》の出汁です

出汁のひき方の基本はありますが、結局は料理人が自らの経験から独自のコツを体得していくものです。

こんな方法で出汁を探っていく料理人もいました。あれは店を出したばかりの頃でした。尊敬している大先輩の店に出かけてカウンター席から仕事を見ていました。そうするとその人は出汁と思われる汁の入った鍋に瓶に入った別の汁を少しずつ足しては何度も味見をしていました。あれほど味見を重ねて何をしていたのか……。後から推測するに、昆布出汁に少しずつ鰹出汁を足し、昆布の匂いがすっと消える瞬間を探っていたのだと思います。このように出汁の微妙な加減を探るために、人によってひき方はさまざまなようです。

今私は自分の体験から、昆布の甘みを最大限に引き出すことがいちばんの決め手ではないかと思うようになりました。それには十八分前後で沸騰直前になり、なおかつ昆布がふっくらと開く火加減が大事です。あとは鰹節の旨みと香りをのせるだけ。ぜひご自分で火加減を探っていただきたいです。たっぷりひいて冷蔵庫で二、三日保存してもかまいません。よい昆布を用いていただければ、なおいい。出汁が決まれば結局は経済的です。

しかし、出汁は鰹昆布出汁だけではありません。それぞれの素材が独自の旨みをもっています。その旨みをいかし引き出すのか、それが料理の大きな楽しみだと思うのです。そのことについては追々お話ししましょう。

鰹昆布出汁

材料(作りやすい分量)

水…1.8リットル

昆布(真昆布)…10グラム

鰹節(削り節)…約40グラム

① 鍋に水と昆布を入れて火にかけ(鍋にふたはしない)、18分～20分で煮立つように火加減しながら沸かし、煮立つ直前にふっくら開いた昆布を引き上げて火を止める。

② 水(大さじ2杯くらい)を加えてわずかに温度を下げて鰹節を入れる。

③ 鰹節が沈んで鍋の中が静かになったら漉《こ》し紙(または晒《さら》し2枚)を敷いたざるを通してそのまま静かに漉す。ここで押したり絞ったりすると雑味が出るので厳禁。

■鮪《まぐろ》の赤身のスープ

まだ店を始めて間もない頃のことです。当時、静岡県清水から山本正平さんがときどきおみえになりました。山本さんは盛秋丸の網元で、シーチキンの原材料であるびん長鮪を大手の缶詰会社に納めていました。それだけではなく、赤道直下モーリシャスで漁業の指導をし、缶詰工場を作るのに尽力された方です。時々「まかないで食べなさい」と冷凍鮪をお土産にたくさんいただきました。刺身にしたり思いつくままに食べていましたが、子供のときに父親が適当に切った鮪と豆腐とねぎのぶつ切りで「ねぎま鍋」をしていたのを思い出してやってみました。さっと煮た赤身は淡白でありながらとてもおいしく、脂肪分が少ないので煮ても生臭さが出ないのです。

これをヒントに赤身をさいころに切って霜降りしてからスープをとってみました。それが予想以上に上質のコンソメのような豊かなスープに仕上がったのです。今や鰹節《かつおぶし》と並んでメジ節を販売しているくらいですから、このスープがまずかろうはずがありません。うすい塩味に少量の醤油を落として味を調え、スープだけをお客さまにお出ししたところ、大変喜んでくださいました。でもこれが何であるかがわかる人はいませんでした。

このことが後々の私の献立の糸口になりました。具を何も入れないすっぽんのスープ、天然のしめじでとったスープに卵を溶いた何も入れない茶碗蒸し。これらの料理には、口にした方がなんだろうかと想像を巡らせる楽しさがあり、それが分かったときはよりいっそうの喜びになるような気がするのです。

■すっぽんのスープ

やっと三十歳を過ぎた頃だと記憶しています。すっぽん料理で有名な京都の大市《だいいち》というお店に行きました。夏の暑い盛りでした。ぐらぐらと煮立つ楽の鍋に、すっぽんのアラが入って生姜《しょうが》を加えたシンプルなものでしたが、大変にショックでした。すっぽんをここまでおいしくできるのだと。これはなんとしても自分で挑戦してみたいと思いました。

水と酒で出汁をとることは分かっていましたし、この旨さを引き出すにはかなりの量のすっぽんが必要だということまでは推測できます。大市さんでは、「もっとも大切なものはこの鍋です」と言い切ります。しかしコークスを燃やして楽の鍋を焼くのは何故なのか、酒をとばしてすっぽん特有の血の臭いやクセを取り去るためだけなのか、それだけのためなら違う方法もあるだろうと考えても糸口がみえませんでした。当時は今と違い情報が入りにくい時代でしたから、何もわからないままの出発でした。

もともとすっぽん煮はたっぷりの酒と生姜というのが定義です。しかしどのくらいの時間をかけてとるのかなど、なにもわかりません。繰り返し作っていくうちに要領がわかるようになり、すこし形になってきました。しかしそこから先がまだ見えてきませんでした。スープに醤油で味をつけるのですが、甘さが気になり甘い分だけ醤油が必要になり、それでは思う味わいにはなりません。それで甘さを抑えるのに酒の量を減らしてみる、火加減を変えてみる、スープをとる時間を長めにしてみる……しかし酒を減らせばコクがでない。
そんなときに辻留《じとめ》の辻嘉一《つじかいち》さんと大市のご主人との対談が婦人雑誌の付録に掲載されました。まず「スープをとる時間は15分です」と大市さん。次に「でもお酒は教えられません」と書いてありました。その瞬間すべての疑問が解けました。スープがどうしても甘くなるのは当たり前の普通の酒を使っていたからなのです。もっとも辛口の酒を使ってみると、なんともおいしいスープができました。

さて、では重よしではどのようにしてお出ししようか。当時はご婦人はすっぽんに馴染みがない方も多く、またアラが入っているととても嫌がる方もいらっしゃいました。そこで自分の目指す「すっぽんのスープ」はアラも生姜も入れないコンソメスープを目標にしました。それには濁りを出さないためにスープの脂をきれいに取り除き、透明なスープに仕上げることでした。こうしてアラも生姜も入らないコンソメのような重よしの「すっぽんのスープ」が生まれました。何度も繰り返し、諦めることなく挑戦したのは、あの時の若さと自分の目指すスープを作りたいという情熱だけだったと思うのです。

お客さまから「(献立に) すっぽんのスープを必ず入れてください」とご注文をいただくのはこの上ない喜びです。

■何も入らない茶碗蒸し
しめじのスープ

私の好きな料理に茶碗蒸しがあります。卵の苦手な人は少ないようですので、年間を通じてその季節の茶碗蒸しを前菜のひとつとして用意しています。

「何も入らない茶碗蒸し」を考えたのは、通常は出汁に卵を溶いてその中に具材を入れるのですが、何も入らない味わいの異なる茶碗蒸しが作れないだろうかと思ったのがきっかけです。はまぐりのスープに卵を溶くなどいろいろ試してみましたが、はまぐりがとても合うのではと感じました。

秋になれば天然のしめじが手に入ります。そのしめじと水と昆布と酒でスープをとって茶碗蒸しを作ったところ大変おいしかったので、これを重よしの売りにするのだと決めたのでした。

ところがはまぐりにしてもしめじにしても味が希薄なため、お客さまにわかりにくい欠点もあります。わかる人だけにわかればいい、と思う反面もっと上手な方法はないかと思っていた矢先、これらのスープをプレーンな茶碗蒸しの上に注ぎ入れることを思いつき、お客さまにお出ししたところとてもわかりやすく喜ばれました。以来この茶碗蒸しを変化させることによって各季節に使えることがわかりました。

今では野菜それだけで濃厚にとったスープとか牛スネ肉でとったスープなど思いつくままに選択肢が広がっていきました。もちろん夏には冷製の茶碗蒸しに冷やした八方地《はっぽうじ》に季節のじゅんさいを入れて召し上がっていただいています。

これが正しいとか、最高のものだとは思っていません。ただ、どんな料理もこうするとどうなるんだろうと考え続けていくことは、意味のあることだろうと思っています。

もう少し詳しくお話ししましょう

しめじのスープ

材料（作りやすい分量）

天然しめじ…約150～200グラム
水…540ミリリットル
酒…190ミリリットル
昆布…適量

① 天然しめじは形のよいものは料理用（豆腐のお椀など）に取り分ける。形のよくないもの、小さいもの、虫食いがあるものをスープに用いる。石づきをきれいに掃除する。この時ぬるま湯で洗うとに土などがきれい落ちる。

② 鍋に天然しめじを入れ水、酒、昆布を加え、中火にかけて15分くらい煮て、冷まして出汁が充分に出たところで漉す。

＊スープをとったあとの天然しめじは菊菜とおひたしにするとよい。

■すり流し

すり流しという料理はいろいろな食材で作ることができます。重よしではまず夏から秋にかけて枝豆のすり流しを作ります。枝豆は八月に入る頃から産地が北に向かっていき、季節とともに豆の香りがどんどん変化していきます。お盆を過ぎると新潟の黒埼の黒埼茶豆が出始め、それはえもいわれぬよい香りのものに仕の上がります。その後、茶豆、だだちゃ豆と入荷するようになると、この枝豆のすり流しはとてもおいしくなってきます。

私どもの作る枝豆のスープは、ゆでてから豆の薄皮までむき、あたり鉢でよくあたり、それを晒《さら》しをかませて裏漉《うらご》しをします。初めはそれを出汁でのばしたのですが、豆の大切な香りが出汁によって出てきません。昆布出汁ならばとやってみたのですが、それすら大事な香りが損なわれます。そこで水でのばすことにしました。すると枝豆の本来もっている素晴らしい香りと甘さのある冷製のスープに仕上がりました。それ以来、枝豆のみならずグリンピース、ふぐ白子、鯵《あじ》のすり流しなど、全て水でのばして作るようになりました。

やがて重よしの前菜のなかで温めたり冷やしたりと、献立を作る上で重要なものになっていくのです。

もう少し詳しくお話ししましょう

枝豆のすり流し

材料（2～3人分）

枝豆（さやつき）…300グラム

水…175ミリリットル

薄口醤油…小さじ2

＊水は軟水のミネラルウオーター、もしくは浄水器を通した水を一度沸かして冷ましたものを。

① 枝豆はゆでて豆をさやから取り出し、薄皮をむく。

② ①の豆をあたり鉢に入れてよくあたり（店ではここで一度裏漉す）、水を少しずつ加えながらさらにあたり、薄口醤油で調味する。ご家庭ではここまでしてから漉すと簡単になめらかになる。

■梅雑炊　青じそスープ

重よしの食事の中に梅雑炊というのがあります。これは料理の後に少量のごはんぽいものがほしいという方にお出しするものです。まず昆布出汁に梅干の種を適当に入れ、ことこと煮て梅干しの香りがほんのりでたところで種を取り出し、塩味の足りない分は薄口醤油で調えます。そこに洗ったごはんを加えて雑炊にし、刻んだ青じその葉を浮かべます。ことにお酒のあとの「〆《しめ》のごはん」に喜ばれます。

そもそも梅雑炊を思いついたのは、今はない六本木のマナーハウスで梅チャーハンをごちそうになって、そのさわやかさに感動して重よしでもこの風味を生かしたいと思ったからでした。ご主人の故高松さんにそうお話ししたら「どうぞ使ってください」と嬉しそうに答えてくれたのを懐かしく思いだします。

夏にはこの梅雑炊の出汁を応用して冷たい梅じそのスープをお出しすることもあります。このスープは青じその葉をあたり鉢でよくあたり、そこに梅雑炊の汁と同様にして梅干しの種で味を調えたスープを混ぜて、裏漉《うらご》しして冷やします。目にも涼やかな青いスープは、食欲の落ちる季節にたいへん喜んでいただいています。同じようにして赤じその葉を使ったきれいな赤じそスープも作っています。

いずれの料理も梅干しは、昨今多く見かける甘口ではなく、昔ながらのまっとうな塩加減のものがよいでしょう。

■冬瓜《とうがん》と干鱈《ひだら》のスープ煮

「夏に冬瓜を食べると中風にならない」と言っていた母の作る冬瓜料理は、いつも鶏肉のそぼろあんかけでした。冬瓜、大根、かぶ、なすなどの野菜はどのような味にも迎合しておいしく食べられるものです。重よしの夏場の定番になっているものに干鱈のスープで冬瓜を煮たものがあり、前菜の一部として作っています。

それは作家の檀一雄さんの食べ物の随筆に、子どもの頃に富山の祖母のところで干鱈をほとびらかして（ふやかして）、その汁で冬瓜を煮てあんをひき、おろし生姜《しょうが》をのせて食べた思い出話が載っていたので、すぐ作ってみると大変結構でした。

冬瓜はとりわけ煮るスープが大切なのでしょう。鶏、豚肉、牛肉あるいは干ししいたけ、干し貝柱などのスープで煮ると冬瓜の青臭さもなくなり、おいしい料理になります。この干鱈のスープで冬瓜を煮た料理もそのひとつで、このように地方に伝わる郷土料理のなかには、その地に根付いた驚くほどの知恵やヒントが山ほどあるように思います。

ご家庭では干鱈よりも干し貝柱が扱いやすいでしょうから、ここでは干し貝柱のスープで作る場合をお話ししましょう。

油で炒めた冬瓜に酒をふって、干し貝柱のスープを加え、揚げた生麩《なまぶ》を加えて醤油で味をつけ、葛《くず》を引いてとろみをつけます。冬瓜と揚げた生麩の食感の妙もこの料理のおいしさです。生麩がなければ、干ししいたけや油揚げ、さつま揚げなど弾力のある食感のものならどれも相性がよく、おいしく仕上がります。また、ご家庭でなさるときは、スープをとった貝柱も一緒に加えてもよいでしょう。冬瓜が出回ったら作ってみてください。

もう少し詳しくお話ししましょう

冬瓜と干し貝柱のスープ煮

（分量４人分）

冬瓜…1/4個　生麩…1本
干し貝柱のスープ…500ミリリットル
酒…50ミリリットル　醤油…大さじ1
油（サラダ油または白ごま油）…適量
葛粉…小さじ2

① 冬瓜は種を取り除き、皮をむいて厚さ1センチほどに切る。

② 生麩は一口大に切り、中温の油で素揚げして油をきる。

③ 鍋（または深めのフライパン）に油をひいて冬瓜を炒め、油が全体に回ったら酒を入れ（ジュッと音がしてアルコールがとぶ）、干し貝柱のスープを加えて煮立ってきたら②の生麩を入れ、醤油を加える。

④ 冬瓜が透明になって火が通ったら味をみる。足りなければ醤油をたし、好みで甘みが欲しければ砂糖（分量外）を少量加える。水溶きした葛粉を全体に回し入れてとろみをつけ、火を止める。

干し貝柱のスープ

材料（作りやすい分量）

干し貝柱…50グラム
水…600～700ミリリットル

① 干し貝柱は分量の水に浸して一晩（8時間ほど）おく。

② そのまま弱火にかけ、煮立ってきたら火を止めてそのまま冷ます。

■焼き松茸《まつたけ》　土瓶蒸し

九月になりますと東北・岩手県あたりから松茸の便りが届き始めます。やがて十月までには各地のものが出そろい、十月初旬に待望の丹波のものが登場します。多くの和食店ではその時期から土瓶蒸しを提供することと思います。私は丹波を中心とする松茸が好きなので、十月の十日くらいまで待ちます。なぜ京都のものでなければならないのかと申しますと、京都の松茸のもつ香りの高さ、豊かさが価値だと思うからです。京都のものならばわずか三切れで充分でも、信州のものなら五切れいる、岩手のものなら七切れ必要になります。その比率から言えば金額的には変わりはありません。またその香りを生かすためには、土瓶蒸しの中には松茸のほかには三つ葉くらいで結構です。それと好みですが、すだちやかぼすの果汁は邪魔になりそうなので、柚子の皮を一片加えるくらいがよさそうです。

さて焼き松茸は、よくいらしてくださった南郷茂政さんの父上である南郷三郎氏が「焼き松茸はこの食べ方に限る」とおっしゃる焼き方です。それは、やや開きかかった肉厚の松茸の笠の内側に少量の酒を垂らし塩をパラパラとふり、下の方から炭火であぶるというものでした。五分ほどすると焼いている松茸のひだの中から露が少しずつ湧いてきます。七、八分ほどで露はかなりの量に増えると同時に笠がやわらかくなったら焼き上がりです。

この熱々の露をスプーンですくって飲む。それは夢のような松茸のエッセンスそのものです。数江瓢鮎子《かずえひょうねんし》先生は仙人が飲むもの、仙松露《せんしょうろ》と秘かに名づけていました。

もちろん残った笠は適当に切って、醤油をひとたらしかけると極上の焼き松茸になります。

料理とはこのようでなくてはならない、というものではありません。いろいろな作り方、好みの食べ方があっていいはずです。贅沢をしつくされた方々の食べ方のヒントで素晴らしいものに仕上がるのです。

白菜のスープ煮

ある時読んだ本に魯山人《ろさんじん》が鶏の肉をこそげて骨を叩いて中骨の髄とともにスープをとり、白菜だけを煮るという話がありました。それがじつにおいしそうで早速作ってみました。

ところがどうしてもスープが白濁し、鶏の臭いが鼻につくのです。この濁りをなんとかしたいと、スープをとるのに地鶏のガラを使ったり、コンソメを作るように野菜を加えてみたり、いろいろ試してみましたがどうにも濁りがとれません。これではお客さまにお出しするものにはならないと、ほぼあきらめかけていた時です。店の従業員のひとりが一番出汁を加えたのです。すると、なんとちょうど同量になるところで、すーっと濁りが消えました。不思議なものです。なぜそのようになるかは分かりません。

『美味しんぼ』の雁屋哲《かりやてつ》さんにこれをお出ししたところ、何のスープかわからないとおっしゃったのでお話ししたところ、すぐに『美味しんぼ』に紹介してくださいました。

白菜にかぎらず、キャベツ、小松菜なども同様にするとおいしいものです。

もう少し詳しくお話ししましょう

白菜のスープ煮

材料(分量適宜)

鶏ガラ、一番出汁…各適量
白菜…適量
醤油、塩…各適量

① 鶏ガラは肉をこそげて骨を叩き、たっぷりの水を加えて強火にかけ、沸いてきたらアクを取り除き、火を弱めて4時間ほど煮て、濾してスープをとる。

② 火にかけた鶏のスープに同量の一番出汁(冷たくても熱くてもかまわない)を加え、醤油と塩で味を調える。

③ 白菜は葉を1枚ずつにはがし、下ゆでして、重ねた高さが均一になるように茎のほうと葉のほうを交互に重ねる。1切れの見当をつけて竹の皮で結び、1切れずつに切り分ける。

④ 底の平らな鍋に③の白菜を並べ、②のスープを注いで10分ほど煮て火を止め、そのまま味を含ませる。白菜を結んだ竹の皮を外して、器に盛ってスープを注ぐ。

鰤《ぶり》のアラで煮た大根

重よしの鰤大根を食べると皆さま驚かれるようです。ただ大根だけをお出しするだけなのですが、表面はこってりと味がついていますが、中は白く、魚の臭いがしないからだと思います。そこでお客さまから、生姜《しょうが》も入らない、鰤の臭いもしない大根はどうやって作るのかと、よくきかれます。

どのようにするかというと、鰤のもっとも生臭い部分、市場では捨てられる頭を手に入れ、適当に叩いて霜降りにし、ぬめりやアクをきれいに取り除きます。それを大きめの寸胴鍋に入れ、水をたっぷり加え、東京ねぎの捨ててしまう青い部分を多めに入れ、火にかけて濁らせないようにコトコトとアクを取り除きながら煮汁が四分の一位になるまで煮つめていきます。その煮汁を油を含めてきれいに漉《こ》します。かためにゆでた大根をその鰤のスープと酒、濃い口醤油、砂糖で煮汁がなくなるまで煮つめます。ちょうど鯛のあら煮のように表面はしっかり味がのり、中は白い大根に仕上がります。煮汁の旨みと栄養価がすべて大根に入っているということです。寒鰤と大根が出会う季節の味覚です。

もう少し詳しくお話ししましょう

鰤大根

材料（4～5人分）

大根…1本　鰤のアラ…約350グラム　水…1リットル
ねぎの青い部分…適量　酒…大さじ2
砂糖…大さじ2と2/3　濃い口醤油…大さじ2

① 鰤のアラは大きければ料理しやすい大きさに切る。たっぷりの熱湯を沸かし、アラをくぐらせてすぐに冷水にとって霜降りにする。水の中でぬめりや血の部分をていねいに取り除いて水けをとる。

② 鍋に①とねぎの青い部分を入れ、分量の水を加えて強火にかけ、煮立ったらすぐに火を弱めてアクをきれいにすくう。そのまま弱火で煮立てないように煮汁が半分ほどになるまで煮つめる。煮立てると汁が濁るし臭みも出るので注意。別の鍋に漉し入れ、鰤のスープをとる。

③ 大根は厚さ3センチの輪切りにし、皮をむいて面取りする。面取りすることで煮崩れしにくくなる。

④ 鍋に②のスープ適量（目安は3/4量）と③の大根を入れて強火にかけ、煮立ったら落としぶたをして中火にし、大根の芯がなくなるまで煮る。酒、砂糖、醤油の順に加えて調味し、やや強火で煮つめ、煮汁が少なくなったら鍋を揺すって大根をひっくり返しながら煮汁をからめて煮上げる。

*香りを添えるなら針柚子適量

■そばがき

私はそばが好きでよく食べに行きます。江戸時代からのファーストフードですから短時間で食べて帰れる利点があります。その蕎麦屋さんの献立の中にうどんを入れた「苧巻蒸《おだまき》し」という茶碗蒸しがありますが、重よしではうどんの代わりに素麺を入れてお出ししています。

そこであることに気がつきました。そばつゆに湯を加えればかけそばの汁になり、それに卵を溶いて焼けば卵焼き、蒸せば茶碗蒸し、そこにうどんを加えると苧巻蒸しになる……ひとつの汁ですべてを賄うことを考えた先人たちの知恵にはいつも驚かされ、教えられます。

あるとき、手打ちを食べてそば粉の粉臭さを感じたときに、親しいお蕎麦屋さんに聞いたところ、それは水が多かったのではと伺ったこともありました。また初めてそばがきのおいしさを知ったのは、以前恵比寿にあった竹やぶの支店で食べたそばがきでした。その旨さに驚き、重よしでも新そばが出回る頃に、国分寺のきぬたやさんから石臼で手で引いた一番きめの細かいそば粉を送っていただき、そばがきを作っています。

もう少し詳しくお話ししましょう

そばがき

材料（3人分）

そば粉…210グラム　水…540グラム　昆布出汁…適量

① 鍋に分量の水を入れて沸かし、そば粉の半量を加えてすりこぎで全体を合わせるように練る。後から湯を足さないので、粉は最初に全部入れずにかたさを見ながら加えていく。はじめはかたいが、しばらく練るとやわらかくなってくるので、そうなったら一気に練り上げる（箸ではさんで切れるやわらかさが目安）。

② 3等分し、かたく絞った濡れぶきんで形を整え、温めた昆布出汁にそば粉（分量外）をゆるめに溶いた汁を張った椀に静かに入れる。冷たくなるとかたくなるので手早く作ること。

つけ汁 ＊これはそばつゆにもなる。

（作りやすい分量）

かつお厚削り…100グラム　削り節…100グラム
水…3.6リットル　醤油…540ミリリットル
砂糖…50グラム　味醂《みりん》…100ミリリットル

① 深鍋にすべての材料を入れて強火にかけ、半量になるまで煮つめて漉《こ》す。

＊薬味はわさび、さらしねぎなどお好みで

■寄せ鍋

寒い日の素敵な食べ物に寄せ鍋があります。鍋は人によっては苦手な人がいますが、ひとつの鍋を他人と一緒に食べるのが好きではないとか、煮えばながわからなくてしばしば煮すぎておいしく作れない、また料理店で食べる場合に給仕をしてくれる人が客との間合いをとれない、などの理由から苦手になり、敬遠する人が多いようです。しかし私は鍋料理のなかでも寄せ鍋は最高の料理になるとさえ思っています。

寄せ鍋は贅沢な料理だと言う人も多いのですが、何もたくさんの魚介類を使う必要はありません。その代わりに上質な素材を求めましょう。たとえば脂肪の少ない白身なら何でもよいし、比較的安価な芝海老をたたいて団子にしたり、いか、帆立貝、鶏肉など、そしてその時期の野菜や豆腐があれば素晴らしくおいしいものに仕上がります。

ただし、おいしく作るには鍋の好きな人に面倒を見てもらうという条件がつきます。出汁は昆布出汁だけでもよいし、鰹節《かつおぶし》と昆布の出汁（鰹節《かつおぶし》は控えめにする）でもよく、心持ち濃いめの味加減にして材料を少量ずつ鍋に入れ、まず煮えばなを汁と一緒に食べます。魚介を入れて煮て取り分けてから野菜を加えることが大切です。決して一度にたくさんの材料を入れないことです。また煮ている間に味が少しずつ濃厚になりますから、白湯を少し足していつも一定の味加減を保って食べると、とてもおいしくいただけるはずです。最後に残った煮汁にごはんを入れ、とき卵を加えれば極上のおじやに仕上がります。くれぐれも強火でぐらぐらと煮ることは禁物。ゆっくりと火加減と相談しながら作ることで鍋が大好きになると思います。なお、香りのものとして柚子、柚子胡椒、七味のようなものがあるとよいですね。

寄せ鍋以外のポン酢で食べるちり鍋、味噌仕立ての鍋も基本的に何も変わりません。最後のおじやがおいしくできれば完璧です。

■鴨のじぶ煮 重よし風

野鴨はシベリアから北海道、東北の日本海側と太平洋側の二つのルートを飛来します。毎年十一月十五日、狩猟が解禁になるのですが、現在では散弾銃で獲ることは少なく、網で捕った鴨が手に入るようになりました。

どんな食べ方がおいしいとは一概には言えませんが、鴨の抱き身（胸肉）を一センチほどの厚さに切って、炭火で醤油焼きもよし、フライパンを熱して鴨の脂を引いて五ミリほどの厚さに切った身を塩胡椒《こしょう》でさっと焼くのもおいしい食べ方です。コツは、くれぐれも焼きすぎないことです。

また、金沢の郷土料理には有名な鴨のじぶ煮があります。鴨の切り身に小麦粉をまぶし、出汁に醤油と味醂《みりん》で味をつけ、金沢名産の生麩《なまぶ》、里芋、百合根、銀杏、せりなどと一緒に鴨をその煮汁で火を通しすぎないように煮て器に盛り合わせた料理です。それをヒントに重よしでは、鴨の骨を集めてまず出汁をとり、そのスープでじぶ煮ならぬ鍋にします。

赤楽《あからく》の鍋を熱く空焚《からだ》きします。その間に、別の鍋で鴨のスープに醤油と酒でかるく味をし、前述の野菜などを煮て、小麦粉でゆるくあんをひきます。空焚きして熱した赤楽の鍋をお客さまの前の鍋台に移し、鍋底に生のせりを敷き、煮立っている野菜入りの鴨のスープを入れるとジューッと高い音を発して煮立つ、そこに小麦粉をまぶした鴨の切り身を落としていきます。すると余熱で火が通りますから、器に取り分け、おろしわさびを添えてお出しします。とても豪華でおいしい料理です。また、鍋に移した時の音も立派なご馳走です。

第4章

「さしすせそ」は忘れましょう

知識と感性

旬味を自在に取り合わせる

料理人が多くの知識を学ぶことはとても大切です。しかしその知識が時として邪魔になることがあります。知識はしばしば想像力をセーブすることがあるようです。なまじの知識が新しいものが生み出されるかもしれない時に知識から学んだことが正しいと思うあまり、勝手にそれは間違いであると思って先に進むのをやめてしまったりしがちです。

どんな時にも、どんなものでも、やってみないことにはわからないことがたくさんあります。たとえば食事をするときに、それがどのように作られ、どんなものなのかを説明されればされるほど、そういうものなのかと人は思ってしまうでしょう。それよりもこれは何なのだろうか、どうやって作られたものだろうか、と疑問をもてば、自分の感性でしか判断はできません。感性でものを作るのは無謀なことかもしれません。しかし、失敗しても構わないではありませんか。そこから工夫が生まれるかもしれません。いや、そこにこそ新たな発見も生まれるのだと思います。人に感動や喜び、楽しみを与えられるのは、時として瓢箪《ひょうたん》から駒のようなものであったり、簡単な思いつきであったりします。

　私は料理教室をやっていますが、作り方を教えるよりも自分がどんなものを作りたいか、どうしたいかが大切なのことだと思います。だから好きなように作ってみてくださいと言います。生徒さんを素人であるという目で見たことはありません。その作り方のなかに時として驚くほどの発見や発想を見ることができます。そこからわれわれはヒントをもらい、自分に取り込めるものはいただきたいといつも思っています。私の師、数江瓢鮎子《かずえひょうねんし》先生は教えることは学ぶことだとおっしゃっていました。

　つまり出汁を変えてみる、切り方を変えてみる、調味料を変えてみる、煮る時間を変えてみる、素材の組合わせを変えてみる、香りのものを変化させてみる……こういったことだけでもひとつの素材の料理が無限に広がっていくのではないでしょうか。

■あさりのむき身煮　揚げ蕗《ふき》の薹《とう》

春になると、十八歳から二十年重よしで働いてくれた中村勉君を思い出します。彼は将来の和食を担う人材であったと、今も確信しています。ある時「食べてください」と出された料理があさりのむき身を酒で煮て、素揚げにして刻んだ蕗の薹をあえたものでした。何の変哲もない料理のように見えますが、なるほどと、あらためて彼のセンスに感服しました。

あさりははまぐりなどと比べて独特な貝臭さをもっています。この貝の臭いを旨さに変えてしまう揚げた蕗の薹との出会い、その相性のよさを偶然と言う人もいるでしょう。しかし素材の組み合わせというものはその人の感性によるところが大きいのです。つくづく料理は、食べることも作ることも大好きだという人がやる仕事だなと思いました。

彼が突然亡くなってもう三十年ほどの歳月がたちました。

■はまぐり大根

著名な作家の方が食べるものにまつわる随筆を書かれることがあります。故郷やご実家の食事の思い出、旅先で出会った料理の話、ご自分で料理をなさる話など、大変興味深く読んでいます。これらの文章の中には宝物のようなヒントがたくさん詰まっているように思います。

ある時、池波正太郎氏の本であさりのむき身と大根を煮るというくだりを読んだとき、すぐに作ることにしました。あいにくあさりがなかったので、はまぐりのむき身でしてみると想像以上の味と意外な組み合わせに驚きました。以来「はまぐり大根」として献立にのせています。

はまぐりの名産地といわれるところはありますが、東京湾のはまぐりは大変質のよいものです。二十数年程前に一時期、姿を消してしまいましたが、数年前から少しずつ市場に出回り始めました。肉質がやわらかく、貝臭さがなく、特有の豊かな香りはほかの産地のものと比べるべくもありません。つるんとしたぬめりのあるはまぐり、大根のせん切り、浅草海苔とくれば江戸料理そのものです。

まず、鍋に出汁を入れて火にかけて温めて醤油を加えて調味し、煮立ったらせん切りの大根を入れて再び煮立ったらはまぐりのむき身を加え、火が通ったら盛りつけて、もみ海苔を散らします。この料理は煮すぎてはいけません。そして大根のせん切りは、かつらむきにしてせん切りにします。その方が格段に歯触りがよいからです。お好みで一味、七味、柚子、胡椒などを添えてもよいものです。また、あさりで同様にしても大変結構です。

＊はまぐりはむき身にするのに、殻を開けるのが難しければ鍋に入れて少量の酒を加えて火にかけ、口が空いたらすぐ火を止め、殻をはずして身を取り出し、煮汁をきる。

■あさりと小松菜の辛子あえ

うちの店に足しげく通ってくださった数江《かずえ》瓢鮎子《ひょうねんし》先生がある時、「東京の料理は味が濃いと言われるが、江戸時代はそんなことはなかっただろう」

と。「なぜなら、砂糖はまだまだ高価で一般の人は普段づかいはできなかったはずだ」。「砂糖なしで醤油だけで煮炊きすることを考えると、おのずと醤油の量も控えるようになるだろう。調味料が少ない分、江戸湾から上がる豊かな海の幸と近在の農家で取れる新鮮な野菜を上手《じょうず》に組み合わせて食材のもち味を生かして食べていたはずだ」と。

そのことがずっと気になっていたところに、池波正太郎氏が江戸時代の料理について書いた随筆に行き合いました。あさりと小松菜の辛子あえに浅草海苔の料理です。誰でも思いつきそうで思いつかない、それでいてとてもおいしく、こんなに相性がいい出会いのものが江戸・東京にもあったのかと驚きました。それに、食べるとどこか懐かしく感じるから不思議です。なお、重よしでは、献立のほかの料理とのバランスで、すっきり仕上げたいときには海苔を省いています。

あさりと小松菜の辛子あえ

材料（4人分）

あさり…15～20個

小松菜…1束（300グラム）

醤油、溶き辛子…各適量

① あさりは砂出しし、鍋に入れてお玉半分位の酒（分量外）を加えて火にかける。貝の口が開いたらすぐに火からおろし、箸で殻から身を外す。乾かないように鍋の中の蒸し汁に浸しておく。

② 小松菜は塩ひとつまみ（分量外）を加えた熱湯でゆで、水にとってさらし、食べやすい長さに切る。

③ あさりの蒸し汁に醤油少々を加え、あさりと小松菜を浸してあさりの旨みを小松菜に移す。溶き辛子を加えて味をみて、薄いようなら醤油少々加える。

＊あさりの砂出しは、バットなど平らな容器にあさりを重ならないように広げ、貝の頭が少し出るくらいまで薄い塩水を注ぎ、蓋をして静かな暗い所に2～3時間置いておくと砂を吐く。

■早蕨《さわらび》の即席おひたし

三月も中旬を過ぎると山菜の蕨が出回ります。蕨の食感と山菜特有のぬめりは春を感じさせてくれる重宝な食材のひとつです。アクぬきが必要ですが、私どもでは藁《わら》灰を用います。灰がない場合はどうしたらよいかとよく聞かれるので、気にかけていたら、明治から昭和にかけて活躍した山本《やまもと》荻舟《てきしゅう》氏の著書『飲食辞典』に「堅炭を一つ入れてゆでるとアク気なくやわらかなり」とありました。早速試してみると、灰と変わりなくアクがぬけました。ご家庭でなさる場合は炭をご利用なさるとよいです。

まず、蕨の根元の筋っぽいところを切り落とします。蕨を一本穂先の方を持ってきた板に横たえて、反対の手で持った包丁を根元のほうから茎にトントンと当てていくと、すっと刃が入るところがあります。そこより上は食べても筋があたらず、そこより下は筋っぽいので切り落とします。その位置は一本ごとに違うのでまとめてはできませんが、楽しい作業です。

アクぬきは、蕨を束ねて穂先の方を持って、灰か炭を入れて沸騰させたたっぷりの湯に軸だけを浸し、再び湯が煮立ったら全体を湯に沈めて火を止め、そのまま湯が冷めるまで待ちます。湯が冷めたら水にとってそのまま一晩（八時間ほど）おきます。これで穂先がやわらかくなりすぎたり、皮がむけたりすることもなく色鮮やかに仕上がります。

さて、蕨の即席おひたしを作りましょう。アクぬきした蕨を長さ三、四センチに切り、ボウルに入れて醤油をかけて手で全体に混ぜ合わせ、余分な醤油を捨てます。食べる直前に削り節を加えて器に盛ります。それだけです。ですが、浸し汁につけるおひたしとはまたちがった、素朴な味わいが楽しめます。

■山菜煮

年をとるとともにおいしく感じるようになるのが山菜です。以前は輸送に時間がかかり、その土地で食べるのに比べて明らかにご馳走ではなかったと思います。しかし現在では採りたてが、どこにでも届くようになりました。単品であえものに、また組み合わせて炊き合わせにするなど、いろいろな方法がありますが、私が気にいっているのが山菜煮というものです。

蕨《わらび》、うるい、山うど、根三つ葉、筍《たけのこ》、甘草など手元にある山菜を食べやすい大きさに切って煮汁でさっと煮ます。出汁を温め、薄口醤油で吸い物味より心もち濃いめに調えて煮立たせ、山菜を入れて一煮立ちしたら盛りつけます。この料理は煮えばなを味わってもらいたいのです。前もって煮ておくと山菜それぞれの味わいが消えて、均一な味になりかねません。しかし、煮えばなをお出しすると、それぞれの山菜が持ち味を発揮して、春を感じさせるすばらしい料理になると思います。

もちろん一種類の山菜でも充分楽しめますし、山菜に限らずほかの野菜でもおいしいものです。くどいようですが、いずれの場合も煮えばなを召し上がってください。

■筍《たけのこ》の煎《い》りだし

早掘りの筍が早春に九州から出始め、やがてすばらしい筍が京都から出荷されます。なぜ「筍は京都」と言われるのか。波多野承五郎氏の著書『食味の真髄を探る』に東京近郊の筍と京都の筍の違いが書かれています。京都の土は粘土質の赤土であること、与える肥料を惜しまず、そして七年目には古竹として切ってしまうこと。上質の筍を掘り出すためにかける手間を考えると、東京の筍はお惣菜であり、京都の筍は関西ではご馳走として珍重されるのだと。

京都の掘りたての筍は皮をむいて厚めに切って昆布出汁だけで煮ても、煮汁から豊かな香りと甘さが立ち上ることは想像できます。東京に着くまでの時間の経過とともにえぐみが出るので、米ぬかや鷹の爪を入れてゆでるわけですが、それでも東京近郊はもちろん他県の筍は食感も含めて、京都の筍に太刀打ちできないでしょう。からくも福岡県合馬の筍がとうもろこしのような香りと歯ごたえと甘さで京都に続くでしょうか。

さて、重よしでも物集女《もずめ》、乙訓《おとくに》、大原野《おおはらの》と京都の産地から送ってもらいます。しかし悲しいかな今でも一日遅れで届きます。宅急便のなかった時は二日かかったと思います。当然、香りも甘みも少なくなります。

あるとき古くからのお客さまに「子供のときに食べさせてもらった作り方で煮てほしい」と言われました。それは、ゆでた筍を植物性の油で炒め、出汁をひたひたに入れて強火で煮つめながら浮いてくる油を取り除き、醤油を注いでさらに煮つめて、煮汁がまったくなくなったところで削りたての鰹節《かつおぶし》をふりかけて混ぜ合わせて仕上げるというものです。この方法で作るのは、一にも二にも筍が届くのに時間がかかり、京都で作るのと同じことができないからです。それはとてもくやしいことです。

しかし、京都からおいでのお客さまが「なるほど東京には東京の料理の仕方があるんだね」とおっしゃったのが忘れられません。この方法ですと上質なものは格別に、普通のものもおいしく食べられる気がします。重よしでは「筍の煎りだし」と名づけて今では欠かせない春の料理になっています。これもまたお客さまから教えられた大切な料理です。

■あく巻き

毎年端午《たんご》の節句が近くなると鹿児島県の松尾節美さんから、手作りのあく巻きが五本も届いていました。今はご高齢でお作りにならなくなったので、作り方を教わって重よしで作っています。

灰汁《あく》につけたもち米を大きな竹の皮にびっしりと詰め、灰汁を溶いた水を沸かしておよそ三時間ほどゆでたものだそうです。戦国時代には兵糧《ひょうろう》であったと聞きましたが、今では端午の節句にちまきとして作ると教わりました。竹の皮から取り出し、きな粉をまぶして砂糖をかけて食べるのが鹿児島の普通の食べ方だとそうです。

ある年、あく巻を揚げたらどうだろうか、と思い立って片栗粉をまぶして揚げ、きな粉をかけ、その上から和三盆《わさんぼん》の黒蜜をかけたところ葛餅やわらび餅のような食感になり、もち米で作ったとは思えない素晴らしいお菓子になりました。

土地の人からはみかんの木の灰汁がよいとうかがいましたが、こういう地方に残る食文化を末代まで守っていってほしいと思っています。

■道の駅で教わった塩木《しおきめ》の芽

昨今、道の駅が大はやりです。私どもの求める野菜を納めてくれる「つま敬」の息子さんは毎週日曜日の早朝、数か所の道の駅からこれという野菜を探してきてくれます。それを見て思うのは、市場（農協）に出すには出荷量が少ない、また形が不揃いである、あるいはその土地でしか使われない、輸送が難しいものなどが集められていて人気になっているようです。

私はその道の駅で見聞きした話を聞くのが大変に好きです。その土地の人が私たちはこうやって食べている、こうして保存食にするという、その試食用が出ていることがあるそうです。その話を聞いて見よう見真似で作ってみるのですが、なかには目からウロコのような発見があります。

群馬県みなかみ町の道の駅では木の芽時になると、木の芽（山椒の葉）をさっとゆでてざるに上げ、ぎゅっとしぼり、温かいうちに塩を少量ふりかけ、細かく刻んで使うというのです。早速作ってみると、これは大変な傑作です。たんに木の芽を叩いて香を楽しむ、あるいは筍《たけのこ》と一緒に合わせて食べる当たり前の食べ方と違って、たとえば、はまぐりなどを酒蒸しにした上からふりかけると熱々の汁から立ち上るみごとな香りに圧倒されます。魚介類は言うに及ばず、いろいろな煮た温かい野菜にふりかけると春そのものを伝えてくれます。

道の駅には長い年月の間に培われたその土地その土地の使い方、保存の方法など暮らしに根づいた知恵があることを知り、我々も想像力や工夫を高めていかなければと思うばかりです。

■春野菜のゼリー寄せ

三十年ほど前になるでしょうか、今はない六本木のフランス料理店マナーハウスの高松さんのところで野菜だけのテリーヌをいただきました。やわらかい春キャベツに包まれて色とりどりの野菜が美しい前菜でした、

当時、和食ではどういうわけかこのような料理が前菜として登場することはありませんでした。もしこの料理を和食の領域に入れることができたら楽しいかもしれないと考えて作ったのが「春野菜のゼリー寄せ」です。

春の野菜には山菜を始めとして特有の旨さをもつ野菜がたくさんあります。それらを香りや食感、彩りを考えて取り合わせ、流し缶に並べてテリーヌ形に寄せます。出汁はもちろん鰹昆布出汁ですが、寒天では切ると割れやすくなるので、ゼラチンを用います。主役の野菜は、たとえばそら豆、ホワイトアスパラガス、うど、筍《たけのこ》、うるい、ふきなど春の淡い色の野菜を取り合わせるのがよいでしょう。ソースは、野菜の風味を生かしたいので、国産の白ごま、和ぐるみを煎《い》って晒《さら》しで裏漉《うらご》しし、煮きり酒で溶きのばして皿に敷き、ゼリー寄せを切り口を見せて盛りつけます。ときにはソースにカシューナッツを用いることもします。

また、七夕の節句の前後にもこのゼリー寄せを使います。七夕にちなむ梶《かじ》の葉にソースを川の流れにように敷き、小さく切った蒸しうに、蒸しあわび、空豆などをゼリーで寄せ、短冊形に切ってのせて、季節を味わってもらいます。献立のなかにこのように目に新鮮な、風が通るようなひと皿があると食事がますます楽しくなるように思います。

＊平安時代には紙は高価なものだったので、梶の葉に歌や願い事を書いて川に流すのが習いだったそうです。

■じゃが芋の煮ころがし

じゃが芋は通年ある身近な食材ですが、春に出回る小さな新じゃが芋はこの季節だけの楽しみです。丸いまま煮ころがしにしましょう。その場合、新じゃが芋の皮はどうなさっていますか。薄くてもやはり皮の食感は邪魔になります。そこで重よしでは、竹串がすっと通るようになるまで蒸します。こうすると爪の先できれいに形よく皮がむけます。熱いうちに手で皮をむき、油で炒めます。そこに酒をひたひたよりやや少なめに入れて煮立ったところで、味醂《みりん》と醤油を加えて落としぶたをして、中火で煮ていきます。煮汁が三分の一ほどになったら味をみて、心持ち甘いかなという程度に味を調え、煮汁がなくなるまで煮つめます。

出汁よりも酒で煮たほうが煮汁の対流が格段によく、まんべんなく味がのると思います。また煮ころがしは、じゃが芋を油の膜で包んでから煮るので中まで味が染みていません。ですから、煮つめた煮汁は少し濃いくらいが食べたときにちょうどよいはずです。また、もし煮崩れてもそれがおいしさになります。油は香りが少ない白ごま油を用います。もし、煮えばなを食べきるなら、バターで炒めても結構です。じゃが芋とバターと醤油はたいそう相性がよいので、煮ころがしの変化球として覚えておくとよいでしょう。

蒸すという調理法は少し面倒に感じるかもしれませんが、素材の旨みが凝縮されて、ゆでるのとはまた違った味わいになる優れた方法です。ぜひお試しください。

もう少し詳ししくお話ししましょう

じゃが芋の煮ころがし

材料（4人分）

新じゃが芋…400グラム（約24個）
白ごま油（またはサラダ油）…大さじ2
酒…1と1/4カップ（ひたひたよりも少なめ加減）
味醂…大さじ2
醤油…大さじ1と2/3

① 新じゃが芋はよく水洗いし、皮つきのまま湯気の上がった蒸し器で竹串がすっと通るまで蒸し、熱いうちに手で皮をむく（ふきんに包んでむくとよい）。

② 鍋を火にかけて白ごま油をひき、①のじゃが芋を入れて鍋を揺すって油の膜でじゃが芋を包むように炒める。

③ 酒をひたひたよりもやや少なめに注いで一煮立ちさせ、味醂、醤油の順に加えて落としぶたをし、中火で煮汁が1/3量になるまで煮つめる。

④ 味をみて甘みが足りないようなら、味醂を少々加えて、鍋を揺すってじゃが芋を返しながら味をからめる。

■グリンピースと汲み上げ湯葉

四月の中旬になると我が家の小さな庭に山椒の花の蕾が黄色く色づきます。それをハサミで切って集め、酒と醤油で煮ました。

さて何に使おうか。甘みのあるやわらかい汲み上げ湯葉にこの花山椒をのせてみました。アクセントとしてはそれなりに結構なものになりましたが、少しもの足りないと思っていたところに、ちょうど露地物のグリンピースが出回りはじめました。

甘みのある香り豊かなグリンピースをゆで、晒《さらし》しで裏漉《うらご》しをして、塩だけで味をつけます。器にそのグリピースを盛って汲み上げ湯葉でおおい、天に山椒の花をのせると、とても華やかさのある、まさに初夏そのものの前菜になりました。なお、湯葉は京都の千丸屋《せんまるや》のもっともやわらかい汲み上げ湯葉を用います。

■グラッパの梅酒

お食事のときに梅酒を好まれる方が、以前よりも多くなったように思います。新潟の石本酒造の越乃寒梅の米焼酎の梅酒が市販されています。これはおいしくて、プレミアムがつくほどの人気です。

たまたまフランスのあるメーカーのプラム酒をいただきました。それはフランスのぶどう焼酎であるマールにプラムを漬けたもので、あまりのおいしさにこれは自分で作りたいと思いました。六月の梅の収穫期を待ちかねて、さあ作ろうと思いましたがマールは高価なのでちょっと考えて、とりあえず多少なりとも安価なイタリアの焼酎、グラッパを用いて、氷砂糖を控えめに入れて作ってみました。これがなんともエレガントな梅酒になったのです。とても気に入って今では毎年作っています。

梅酒は好みの焼酎と氷砂糖の量で自分のオリジナルを作ることができるので、挑戦されるとよいでしょう。

■水なすの干し海老煮　蒸し水なす

大阪府堺の特産品、泉州水なすはぬか漬けとして大変人気です。この漬物をひと噛みしたとき、皮も身も歯にさわらずに一体感のある食感に誰もが驚かれることでしょう。最近はぬか漬けだけではなく、生のものが東京の市場にも並ぶようになりました。

この水なすは香りもなく味も素っけなく、なす本来の個性があまりないと思う方がいるかもしれません。焼きなすにするには頼りなく、天ぷらにするには水分が多くて扱いにくい。しかし、それは反対に皮が大変薄く、果肉は水分に富んでいて、香りが少ない分クセもないので好みの味にしやすいということもできます。

そこでなすと相性のよい油で炒めてから煮てみました。多めの油に干し海老と赤唐辛子を入れて弱火に火加減して香りを出し、そこに食べやすいように皮に細かく包丁を入れた水なすを入れ、転がすようにゆっくりと炒めます。ここで中まで火を通す必要はありません。なすに油が馴染んだらかぶるくらいの出汁を注ぎ、煮立ったら余分な油をすくい取って砂糖と醤油を加え、落としぶたか紙ぶたをしてコトコト三十分ほど煮ます。火を止めて、煮汁が冷めるまでそのままにしておくと味がよくなじみます。多めに作って残りを冷蔵庫で冷やしておくと、涼しげな一品になります。お好みで青柚子の皮をおろしてふっても、おろし生姜《しょうが》をのせてもよろしいかと思います。

また、水なすは蒸してもおいしいものです。水なすのへたを落として、湯気の上がった蒸し器で二十分ほど蒸し、冷蔵庫で冷やすだけです。生姜醤油、辛子醤油、酢醤油などお好みの味でどうぞ。皮のやわらかさがおいしさです。

水なすの干し海老煮

材料（3～4人分）

水なす…3個　白ごま油（またはサラダ油）…大さじ2～3
赤唐辛子…1/2本　干し海老…5グラム
出汁…3カップ　砂糖…小さじ1　醤油…大さじ1
＊干し海老は国産でも中華素材でも可

① 水なすはヘタを落とし、食べやすく皮に細かく切り目を入れる。塩水（分量外）にさらしてアクをぬく。

② 鍋に油、赤唐辛子、干し海老を入れて弱火にかけ、じっくりと熱して香りをだす。この時、火を強くすると焦げてしまうので注意。

③ ①のなすの水気を拭いて②の鍋に入れて中火にし、鍋を揺すりながらなすを油で包むようにゆっくり転がす。ここで中まで火を通す必要はない。

④ なすに油が回ったら出汁を加え、浮いてくる余分な油はすくい取って砂糖、醤油を加え、落としぶたか紙ぶたをしてコトコト30分煮る。

⑤ 火を止め、煮汁が冷めるまでそのままおく。食べる直前に火にかけて温めて器に盛る。

■黄金《おうごん》蔵糸《くらいと》

私は素麺《そうめん》が好きです。どこの素麺も結構なのですが、小豆島の甚助という会社に黄金蔵糸という素麺があります。高松のお客さまに数種の小豆島の素麺を送っていただきました。どれもがおいしい素麺なのですが、最後に手土産でいただいたのがこの素麺です。

早速ゆでて薬味を使わずつゆにつけて食べた時ののど越しのよさと甘さは衝撃でした。まず腰の強さに驚き、鼻から抜ける甘さのある香りといい、三拍子揃った見事な素麺でした。すぐに注文の電話を入れましたが、黄金蔵糸は甚助の社長の盆暮れの贈答品なので売ることができないと断られました。そこで『婦人公論』で「うまいもの帖」を執筆していた大内《おおうち》侯子《きみこ》さんに取り上げていただき、幸運にも手に入るようになりました。

この力強さのある素麺はつゆも少し濃いめにしないと太刀打ちできないのは言うまでもありません。

■夏野菜の蒸し煮

もう三十年以上前のことになりますが、三田のフランス料理店「コート・ドール」に古《こ》波《は》蔵《ぐら》保《やす》好《よし》先生とご一緒したときに注文した前菜が「野菜のエチュベ」でした。酸味のきいた夏向きの爽やかな料理で、ご主人斉《さい》須《す》政《まさ》雄《お》さんの得意なひと皿とうかがいました。

鍋の底にオリーブオイルをひいて、生の野菜をかたいものから順に重ねて火の通りやすいものが上になるように入れ、白ワインをふりかけ、香辛料、塩、レモンを加え、ふたをして密閉して二、三分ほど強火にかけた料理です。このような作り方は、本来和食にはない手法だと思います。それでも、どうにかして和食にならないものだろうかと考えました。

夏野菜を用意し、オリーブオイルは香りの少ない白ごま油に、白ワインは酒に、香辛料は青柚子の皮と山椒の実に、レモンは橙の果汁に、そして塩、という具合に変えて、手法はそっくり真似て作ってみたところ爽やかな和食の一品になりました。物真似とおっしゃる方もいるでしょう。しかし、何事も自分でやってみないことには、どのようなものになるかわかりませんし、新しい発見もありませんし、前にも進めません。この一品は重よしの初夏から夏の料理として活躍しています。

■夏野菜の冷やしうま煮

梅雨が明け、夏を迎えると多くの料理店では夏野菜を煮て冷やした料理を献立に入れることがあります。一般には一種類ずつ別々に味をつけた汁で一煮立ちさせて鍋ごと冷まして味をのせていきます。しかしもっと簡単に、かつそれぞれの野菜の持ち味を引き出す方法がないものだろうかと考えました。そして思いついたのが冷ました煮汁に浸け込む方法でした。こうすると煮崩れもないので、ご家庭でも簡単だと思います

まず少し甘みをつけた煮汁と薄い醤油味の煮汁の二種を用意して冷ましておきます。野菜はお好みでよいのですが、かぼちゃ、小なす、新れんこん、

オクラ、みょうがでいかがでしょう。かぼちゃは蒸して熱いうちに甘めの煮汁に浸けます。小なすは素揚げにして、これも熱々のうちに別の容器で甘めの煮汁に浸けます。新れんこんは思うほどアクが強くないので、薄い塩水か酢水にさらしておくとほかの野菜と一緒に扱えます。たっぷりの湯を沸かし、新れんこん、みょうが、オクラをゆでて熱いうちに薄い醤油味の煮汁に浸けます。熱々のものを冷たい煮汁に入れると色も鮮やかに残り、簡単に味ものります。三時間ほど冷蔵庫に入れておけば、とてもおいしい冷製ができあがります。

ガラスの器や薄手の磁器、水にくぐらせた焼き締めなどに盛りましょう。涼しさを感じさせる演出もこの季節ならではのものです。

もう少し詳しくお話ししましょう

夏野菜の冷やしうま煮

材料(4～6人分)
かぼちゃ…400グラム
小なす…10本　新れんこん…1節
みょうが、オクラ…各10本
揚げ油…適量
甘めの煮汁
[温めた出汁540～550ミリリットル、砂糖18～20グラム、醤油20ミリリットル、薄口醤油20ミリリットル]
薄い醤油味の煮汁
[温めた出汁540～550ミリリットル、薄口醤油35ミリリットル]

① 甘めの煮汁と薄い醤油味の煮汁の材料をそれぞれ合わせて、ひと煮立ちさせて冷ます。

② かぼちゃは食べやすい大きさに切り、皮を縞にむく。湯気の上がった蒸し器に入れて竹串が通るくらいまで蒸す。熱々のかぼちゃを甘めの煮汁の半量に浸ける。

③ 小なすはヘタとガクを切り落とし、味がのりやすいように皮に縦に細かく切り目を入れる。中温の油で素揚げにして甘めの煮汁の半量に浸ける。浮いてきた油は紙で取り除く。

④ 新れんこんは皮をむいて厚さ7ミリぐらいの薄切りにする。薄めの塩水か酢水にしばらくさらす。みょうがとオクラは洗い、オクラはガクを切り落とす。

⑤ 大きめの鍋にたっぷりの湯を沸かし、塩をひとつまみ(分量外)加え、新れんこんを入れて1分ほどしたらみょうがを入れ、煮立ったらオクラを入れ1～2分ほどゆで、一緒にざるにあげる。ゆで加減の目安はれんこんの周囲を指ではさんで少ししなるくらい。熱いうちに薄い醤油味の煮汁に浸ける。

⑥ それぞれ冷蔵庫で3時間ほど冷やして味をなじませ、器に盛り合わせる。

■枝豆のいい蒸し（ぬた餅）

九月になると茶豆の最盛期となり甘さと香りが一段と増します。そこでうるち米より少し早く登場するもち米と合わせて「枝豆のいい蒸し（ぬた餅）」としておしのぎにすることがあります。

蒸したもち米を粗くつぶし、その上にゆでた枝豆をあたり鉢でよくあたって薄い塩味にしたものをかけます。これは数《かず》江《え》瓢《ひょう》鮎《ねん》子《し》先生が子供のころのおやつに、残りごはんと枝豆でぬた餅を作ってもらったと話してくださったのがヒントになりました。新もち米の甘さと風味豊かな名残の枝豆が出会うほんの短い間の贅沢、その味わいを楽しんでください。

＊おしのぎとは「空腹をしのぐ」という意味で、お腹をちょっと満たす炭水化物などの少量の料理のことをいう。

もう少し詳しくお話ししましょう

枝豆のいい蒸し（ぬた餅）

材料（分量適宜）

枝豆　塩　もち米

① 枝豆はゆでてさやから豆を取り出して薄皮をむく。あたり鉢でなめらかになるまであたり、わずかに塩味を感じるくらいの薄い塩加減で調味する。

② もち米は水洗いをして1時間ほど水に浸す。蒸し器に晒《さら》しぶきんを敷き、もち米を入れて（リング状にして中心はあける）、芯がなくなるまで、約1時間蒸す。

③ 熱々のもち米を粗くつぶして小ぶりの器に入れ、①をのせる。

■秋の新芋煮

里芋が嫌いだという人の話はあまり聞きません。新の里芋は八月のお盆明けくらいから千葉県あたりのものが出始めます。昭和四十八年頃、築地の八百屋、八百金のおばちゃんから「あんた、芋はどうやって煮るんだい」と聞かれ、「皮をむいて一度ゆでてから煮るんだ」と答えると、「それじゃあだめだ。新の芋は皮をむいたら直《じか》に煮て、出てくるぬめりもおいしさなんだよ」と教わりました。我々の習った、皮をむいてゆでてから煮るのが当たり前ではないのです。

また芋を煮るのに通常、醬油と砂糖あるいは味醂《みりん》を加えますが、新の里芋は蒸して塩で食べるほどおいしい甘みをもっているので、煮る場合も砂糖や味醂を加える必要はないと思います。昆布だけの出汁で薄い醬油味で煮て、芋のもつ香りや甘さを感じ取ってほしいのです。もちろんお弁当などに入れるならば、それなりの調味料も必要です。また里芋は年を越すとひねてきますから、味加減は変わってきます。

もう少し詳しくお話ししましょう

秋の新芋煮

材料（4人分）

新の里芋（小芋）…12～15個
昆布（長さ15センチ）…2枚
酒…大さじ1弱
醤油…大さじ2

① 里芋は泥を洗い流し、ネットなどを用いてこすってきれいにする。汚れがとれなければ包丁を用いて皮をむいてもよい。

② 鍋の底に昆布1枚を敷き、芋を並べて水をかぶるくらい注ぎ、残りの昆布を落としぶたがわりにのせ、酒を加えてとろ火で煮る。

＊直炊きなので、芋に芯が残らないように必ずとろ火で煮ること。

③ 芋に竹串がすーっと通るくらいまでやわらかくなったら昆布を引き上げ、醤油を加えて一煮立ちさせ、火からおろしてそのまま冷まして味をなじませる。

④ 器に盛る直前に煮返して熱々を供する。

■あえもの

重よしではあえものをよく作りますが、あえ衣というよりはあえるソースと言った方がよいかもしれません。洋風に下に敷いたりするとあえるよりもおいしそうです。

あえ衣によく使うのは、精白していない茨城県の白ごま、黒ごま、長野県の鬼ぐるみなどです。山菜など苦みのあるものには鬼ぐるみのもつ苦みを合わせると、とても相性がよいようです。また豆腐を使った白あえは、上質の豆腐の甘さを利用して野菜や果物などあえる素材の風味を引き出したいので、ごまなどの補助味を加えずに淡い塩味で味をつけます。

また、あえるのではなく、白アスパラガスやグリーンアスパラガス、つるむらさき、蕨《わらび》、ゆり根などは、塩ゆでをしたり淡い味をつけて、温かいまま皿に盛って前述の衣をかけて（または衣を皿に敷いて野菜を盛るなど）、作りおきではない作りたてを味わってもらっています。

最近、えごまが見直されています。重よしではごまと同じようによく炒ってすり鉢であたり、晒《さら》しで裏漉《うらご》しをして、醤油と砂糖で味をつけ、煮切り酒でのばします。この衣を秋口の里芋や十二月からの自然薯を煮た温かいものにかけると、チョコレートのような香りに驚かされます。

もう少し詳しくお話ししましょう

くるみあえ衣

くるみは殻から取り出し、弱火にかけて香ばしい香りが立つまでから炒りし、あたり鉢であたる。煮切り酒で溶きのばし、薄口醤油少々で調味する。

＊相性のよい素材は、蒸したむかご、山菜

ごま味噌あえ衣

白ごまは弱火で時間をかけてよく炒り、噛んで香ばしさを感じるようになったら、あたり鉢で粗めにあたる。味噌を加えてさらにあたり、酒（または出汁）を少量加えて溶きのばし、味を見て好みで少量の砂糖を加える。白ごまと味噌の割合は1：10～15を目安に。

＊相性のよい素材は、なす（皮をむいて食べやすい大きさに切りって素揚げ）、山菜全般

白あえ衣

木綿豆腐は熱湯でゆで、ふきんにとってしぼり、あたり鉢であたって一番出汁と薄口醤油を少量ずつ、豆腐の臭いが消えるまで加えて調味する。なめらかにしたいなら裏漉す。

＊相性のよい素材は、栗の甘露煮を器に盛り、白あえ衣をかけ、蒸した栗の裏漉しをかける。夏から秋にかけてはいちじくを甘く煮て、白あえの衣をかける。

えごまあえ衣

えごまは弱火にかけてよく炒り、あたり鉢であたり、裏漉しをして醤油と砂糖で味をつけ、煮切り酒で溶きのばす。

＊相性のよい素材は、里芋など個性のあまりないものがよい。

■筑前煮《ちくぜんに》

新米をはじめ、里のもの野のものが次から次へと出盛る秋は、苦みを特徴とする春の野菜と異なり、甘みのある土の中のものがおいしくなってきます。そうなると筑前煮です。本来、筑前煮は鯉《こい》、鯰《なまず》、鯒《こち》などの魚肉と野菜を炒め煮したものですが、最近は鶏肉を用いることが多いと思います。しかし、鶏肉を加えずに野菜だけで作ったものも大変結構なものです。

新の里芋は小ぶりのものを選ぶと包丁を使わずネットなどで皮をきれいにむくことができます。また、れんこんは六月頃の走りのものと違い、粘りがでて一段と甘さを増します。にんじん、新ごぼうなども合わせて好みの大きさに切り、アクの少ない順にゆでて、水にさらします。きのこ類を入れてもよいでしょう。水気をきって、香りの少ない白ごま油で焦げないようによく炒めます。ここで油を使うのは、それぞれの野菜の香り、甘さといったもち味を封じ込めるよいやり方だと思うのです。次に出汁は用いずにひたひたの酒で煮て、酒の臭いがとんだら、味醂《みりん》と醤油を加えてじっくりと煮込んでいきます。煮汁がなくなるまで煮つめていくと表面に艶が出て見るからにおいしそうな筑前煮になります。器に盛ってから、塩ゆでした銀杏、さやいんげん、甘く煮た栗などをぱらぱら散らすと見た目も鮮やかです。

このような料理は銘々の器に盛るよりも、一鉢にたっぷり盛って取り回しにすると鉢の中に秋の訪れが感じられます。こうして季節を感じて表現し、味わうことができるのが日本の料理のよさと楽しさではないでしょうか。

もう少し詳しくお話ししましょう

筑前煮

材料(4人分)

里芋(小粒)…10個　ごぼう…1/2本
れんこん…150グラム
にんじん…1本
干ししいたけ(小さめのもの)…5枚
こんにゃく…1枚(200グラム)
さやいんげん…10本　銀杏…10粒
酒…約450ミリリットル(目安はひたひたになる量)　味醂…大さじ1
醤油…大さじ1と1/3強
白ごま油…適量

① 里芋は皮をむく。ごぼうは皮を包丁でこそげ、れんこんとにんじんは皮をむき、それぞれ乱切りにする。干ししいたけは水でもどして半分に切る。

② 鍋に湯を沸かし、ごぼう、里芋、にんじん、れんこんとアクの少ない順に入れて下ゆでし、水にさらす。

③ こんにゃくはゆでてアクぬきし、縦に3つに切ってから手でちぎる。

④ 鍋に白ごま油をやや多めに入れ、②の野菜、こんにゃく、干ししいたけの順に入れて炒める。油が回ったら酒をひたひたに加えて一煮立ちさせてアクをすくい、酒の臭いがとんだら味醂、醤油を加えて落としぶたをして弱めの中火で煮る。煮汁が少なくなってきたら焦げないようにしゃもじで鍋底から混ぜるか、鍋を揺すって煮つめて照りをだす。

⑤ さやいんげん(筋は取り除く)と銀杏は海水程度の濃度(3%)で塩ゆでし、ざるにあげて冷ます。さやいんげんは食べやすい長さに切る。

⑥ 器に④を盛り、⑤のさやいんげんと銀杏を散らす。

■かぶら蒸し

私どもでは秋の深まる頃から冬にかけて、前菜のひとつとして白身を少しだけ入れたかぶら蒸しをお出しします。あくまでもお腹を温めていただく前菜ですから、小さな茶碗で少量仕立てます。しかし小さな一品ですが、とてもおいしいと感じ、この後の食事が楽しみになるものでなければなりません。

かぶら蒸しは、かぶと葛あんが出会った旨さを味わう温かい料理です。それも小さな茶碗で作るのですから具はシンプルに白身の魚だけ。かぶはすりおろして水気を少しきり、白濁する程度に泡立てた卵白を混ぜ合わせます。器に白身の魚を入れて、その上にかぶをふわっとのせ、強火で一気に蒸します。蒸しあがったらかためのの葛あんをひき、三つ葉のみじん切り、おろしわさびをのせてできあがりです。

この料理の勘所は葛あんをかために作ることです。火にかけた一番出汁に醤油と少量の塩を加え、水でといた葛粉を木べらでかき混ぜながら少しずつ加え、ペタペタと音がするくらいのかたさになるまでゆっくり時間をかけて練り上げてください。上質の本葛は練れば練るほど甘みが引き出されます。かぶに味をつけていないので、葛あんは吸い物よりやや濃いめの味加減にしましょう。

なお、かぶは小かぶなら皮をむかずに、聖護院《しょうごいん》、近江かぶ、天王寺かぶなら厚めに皮をむいて用います。残った葉や皮は即席の浅漬けになさるとよいでしょう。

＊卵白は、メレンゲのように空気を含ませると、蒸しあがるとペシャンコになるので、白濁するくらいを目安にすること。

かぶら蒸し

材料（4人分）

白身魚（鯛、または甘鯛）…一口大4切れ
塩…適量
かぶ…700～800グラム（小かぶ8個）
卵白…1個分
吉野本葛…20グラム
一番出汁…1カップ
醤油…小さじ1　塩…2グラム
三つ葉のみじん切り、おろしわさび
…各適量

① 白身魚はかるく塩をふり15分ほどおいて味をしめる。

② かぶは葉を切り落とし、厚めに皮をむき、すりおろして水気をかるくしぼる。

③ 卵白はボウルに入れ、箸7～8本を束にして持って白く濁るまでかき混ぜ、②のかぶを加えて混ぜ合わせる。

④ 小ぶりな茶碗に①の魚を入れ、③をふわっとのせ、湯気の上がった蒸し器に入れて強火で7～8分蒸す。

⑤ 蒸している間に葛あんを作る。鍋に一番出汁を入れて火にかけ、醤油と塩で吸い物よりやや濃いめに調味する。吉野葛を水90ミリリットル（分量外）で溶いて、かき混ぜながら少しずつ出汁に加えてゆっくりとよく練り、ペタペタと音がするくらいのかたさに仕上げる。焦がさないように火加減に注意すること。

⑥ 蒸し上がった④に⑤の葛あんをかけ、三つ葉のみじん切り、わさびをのせる。

■芋の干鱈《ひだら》煮

郷土料理には私たちの及びもつかない知恵と豊かさ、奥深さが隠されています。そのひとつに日本海などに伝わる干鱈と里芋を煮た料理があります。若い頃その難しさも知らずに見よう見真似で作ってみたことがあります。もどした干鱈を水から煮て砂糖と醤油で味をつけ、鱈に味がのったころにゆでた里芋を加えて一緒に煮ました。ところが、鱈はパサパサになり、芋との一体感もない。そこで干鱈の煮汁で芋を煮てみると芋だけの料理になってしまう。ではと、炊き合わせにしてみましたが、やはりこれではお客さまに食べていただく料理にはほど遠く、数回で諦めました。

ところが十五年以上前になるでしょうか、ある文章を目にしました。著者がどなたであったかは記憶にありません。しかしこの料理について、生の里芋のぬめりが、鱈の表面に膜を張ってパサつきを抑え、干鱈のゼラチン質が芋を覆うので芋にはヒビが入らず煮える、とありました。ひとつの言葉、一行の文章の中にも料理のヒントがあるものです。すぐに挑戦しました。里芋は新鮮であるほど煮ているうちにヒビ割れるのですが、干鱈と一緒に煮ると、それがひとつもない、干鱈もしっとりしている。そして干鱈の味は出すぎず、芋は芋の味がする不思議な料理です。芋の切り口の美しさにも感動しました。

旬を同じくする干鱈と芋を煮る。誰が始めたことでしょうか。このような地域に根付いて理屈抜きに伝えられてきた料理は本物だ、とあらためて実感しました。そしてこういう素材の力を発揮させた料理こそ、今求められているほんとうの新しい料理ではないかという気がします。

＊干鱈は真鱈《まだら》、すけとう鱈を開いて干した干物。真鱈のほうが味がよい。三枚に下ろして頭と中骨を取り除いて干したのを「棒鱈《ぼうだら》」とよぶが、近年流通量が減り、手に入りにくくなっている。重よしでは、背開きした真鱈に塩をして、日干ししたものを用いている。

もう少し詳しくお話ししましょう

芋の干鱈煮

材料（4人分）

里芋（大きめのもの）…8個

干鱈…120グラム（手のひらより少し大きいもの）

米のとぎ汁…適量　水…適量　酒…1/2カップ　砂糖…20グラム　醤油…大さじ4

① 干鱈は金槌でよく叩き、たっぷりの米のとぎ汁に浸し、3～4日ほど、とぎ汁を毎日かえながら常温で戻して、適当な大きさに切り分ける。

② 鍋に湯を沸かし、①の干鱈を5分ほどゆでる。

③ 里芋は皮を六方にむき、水にさらす。

④ 干鱈と里芋の水をきって鍋に入れ、水をかぶるくらいまで加えて火にかける。しばらくすると泡のようにアクが出てくるのですくって取り除き、火を弱めて落としぶたをして煮る。里芋に竹串を刺してすっと通るまで火が通ったら、酒、砂糖、醤油の順に加え、40分ほど煮て味を含ませる。

⑤ そのまましばらくおいて味をのせてから、食べる直前に温め直して器に盛る。好みで柚子胡椒をのせてもよい。

炒り豆腐

献立作りで私が気をつけているのはご馳走の羅列にしないことです。ややもするとお客さまが疲れてしまう気がするからです。また、箸の進み具合を見計らって作っていても、ときには間が空いてしまうことがあります。そんな時のために、ちょっとくつろいだ、ちょっと懐かしい家庭的な料理、たとえば卯の花、ひじき、切り干し大根などを常備しています。「炒り豆腐」もそんな一品です。あくまでも間をつなぐための料理〝合いの手〟ですから、量はほどほどにします。そして次の料理への期待をもっていただくというわけです。

炒り豆腐はありあわせの野菜などを好みに切って、香りのすくない白ごま油で炒め、手でつぶした豆腐を加えて炒りあげます。豆腐から水分が出ますから酒は少々にし、砂糖と醤油で味をつけます。

野菜は手元にあるものでよいのですが、ぜひ混ぜてほしいものがあります。それは甘いもの。たとえば夏から秋にかけてですと、さつま芋、栗の甘煮などです。これらをさいの目に切って入れます。すると食べたとき思わぬ甘さと出会ってかるい驚きを感じるでしょう。また、もし冷蔵庫に小柱やあさりのむき身、いか、海老などが残っていれば少量加えるとよいでしょう。とても豊かでおいしい炒り豆腐ができると思います。

ここで豆腐の味加減をする際の目安をお話ししておきましょう。豆腐を煮ていると豆腐の臭いが立ちます。そこへ醤油を加えていくわけですが豆腐の臭いがすっと消える瞬間があります。それが醤油を加えるのを止める目安です。ちょうどいい味加減になっていると思います。数字は一般論であり、自分の好みの味にするべきだと思います。

炒り豆腐

材料（作りやすい分量）

木綿豆腐…1丁

さつま芋…30グラム

そのほかの具［こんにゃく、しいたけ、にんじん、ごぼうなどを合わせて豆腐の2/3量］

白ごま油…適量

酒…適量

砂糖…3グラム

醤油…大さじ2

① さつま芋は約7ミリのさいの目切りにする。

② こんにゃくは下ゆでし、しいたけ、にんじん、ごぼうとともに食べやすい大きさに切り揃える。

③ 鍋に油をひき、②を入れて全体に油が回るまで炒め、強火にして豆腐を手でつぶしながら加える。酒を加え、さつま芋を入れて炒め合わせ、砂糖、醤油を順に加え、短時間で水分を飛ばして炒り上げる。

■がんもどき

手作りのがんもどきは大変おいしいものです。しかし、お好きでも普通は市販のものを求める方が多いようです。作るのは手間がかかると思われがちですが、そんなに難しくはありません。

豆腐は上質のものを選び、晒《さら》しに包んでかるく重しをかけます。水気をきればきるほど豆腐の旨みを損なうので、水きりの目安は耳たぶくらいのかたさです。それをすりおろした大和芋と一緒にあたり鉢でよくあたり、卵白をつなぎに加えて下味をつけます。加える野菜はにんじん、ごぼう、きくらげ、百合根などを下煮して用いることが多いようですが、私は刻んだ野菜を水にさらしただけで作っています。そうすると、揚げると野菜がプンプンと香り、甘みも残って、このほうがおいしいように思います。揚げるときは、比較的低温でじっくり揚げてください。そして煮るときは手短にします。長時間煮たり、煮汁を沸騰させたりすると汁が白濁してがんもの旨みが外に出てしまい、せっかくのおいしさが味わえません。

なぜがんもどきに挑戦してほしいかと言えば、身近な豆腐と季節の野菜で通年楽しむことができるからです。春は筍《たけのこ》や蕗《ふき》を、秋はきのこや栗などを用いると味わいの興趣が尽きません。それが既製品にはない手作りの料理の楽しみで、作り慣れるとたいそう重宝すると思います。

注意するのは具が多すぎると破裂することがあります。上手においしく仕上がる具の割合は一割程度。「がんもどき」はあくまでも豆腐が主役です。

もう少し詳しくお話ししましょう

がんもどき

材料(4人分)
豆腐…3丁(約600グラム)
卵白…1/3個分
大和芋…30グラム
塩(または醤油)…適量
具[ごぼう、にんじん、百合根、きくらげ、銀杏、さつま芋など]…60グラム
揚げ油…適量
出汁…900ミリリットル
酒…90ミリリットル
醤油…大さじ1強

① 豆腐は晒しで包んで重しをかけ、耳たぶぐらいのかたさになるまで水きりをする。

② 具を用意する。ごぼう、にんじんは細切りに。百合根は1片ずつにはがしてそぎ切りにする。きくらげはもどして細切りに。銀杏は十文字に4つに切り、さつま芋は小さなさいの目に切る。全て水にさらして水気をきる。

③ 大和芋はあたり鉢ですりおろし、そこに①の豆腐を加えてあたり、卵白を加えてさらにあたって、塩(または醤油)で薄く下味をつけ、具を加えて適当な大きさに丸める。

④ 揚げ油を160度くらいの低温に熱し、③を入れて揚げ、油をきり、湯の中に落とすか湯をかけるかして油ぬきをする。

⑤ 出汁を温め、酒と醤油を加えて一煮立ちさせ、④のがんもどきを入れて10分ほど煮る。そのまま冷まして味をのせ、食べる直前に温めて器に盛る。好みで季節の青い野菜を添えるとよい。

第5章

大切なことはみな お客さまに教わった

カウンター料理の楽しみ

重よしを開店した頃はまだカウンターを主とする料理屋は多くはなかったと思います。今ではカウンター席の高級店が増えてきました。カウンター料理の大きな利点は、出来上がった料理を時間をおかずに出すことができる、お客さまは料理人の所作が見え、今作っているものが自分のところに来るのかなという期待感をもてる楽しみがあります。また働く人を余分におかなくてもいいし、ひとり客も気兼ねなく食事ができる、など今の時代にふさわしい食べ物屋といえるわけです。

本来、カウンター料理屋というのは基本的にはお客さまの注文を聞いて作るものでしたが、いつの頃からか〝おまかせ〟と称する献立を作って提供する店が多くなってきました。これはカウンターの店で食べることに慣れていないお客さまには気が楽で受け入れられたようです。が同時に目の前で求めているものを作ってお出しするというカウンターの醍醐味が薄れている気がします。さらに最近はスタート時間を合わせて一斉に食事を始めるお店もあるようです。もちろんそこには最高の演出やもてなしがあるのかもしれません。しかしお客さまの要望よりも店の都合であって、お客さま不在の発想のように感じます。

カウンターでコース料理を提供する際にもっとも面白みのないものがあるとすれば、左右のお客さまと同じ料理が出されるケースです。何かが欠けている、何かが足りない気がします。そこでコース料理だけではなく、時にはアラカルトの料理を店の献立に取り入れるとより料理店としての幅が広がるように思います。好き嫌いの多い方、アレルギーのある方、食がとても細い方達はアラカルトで注文できると大変喜ばれます。

さらに料理の種類を少し余分に仕込み、前菜の出し方から始まって順序を工夫する、器の配分を変える、最後の食事は好きなものを選んでもらう……これこそがカウンター料理の真骨頂ではないでしょうか。

最近カウンター席はあっても、その前で料理を作るお店が少なくなっている気がします。目の前で作る、盛り付けをする、揚げる、煮炊きをするなど、お客さまの見ているところで仕事をすると丁寧《ていねい》になります。見ていないところで仕事をすると、がさつになりがちです。あくまで本来のカウンター料理の魅力である「目の前で作られたものをすぐ食べることができる」、それこそがお客さまが望まれることだと思います。

クルーズ船 guntû《ガンツウ》 の料理

平成二十八年（二〇一六年）の一月、神原勝成、秀明ご兄弟から新しく瀬戸内海をクルーズする船を造るので、私に和食の料理の監修をしてほしいとお話がありました。私は自分のいないところで仕事はできないと、最初はお断りしました。そして「引き受けるには条件があります。仕事のできる人を一人、一年間預けてくださるならやらせてください」と申し上げました。私は毎日店にいます。料理を作る以上に重よしで私が何を求めて、何を考え、何をやろうとしているか、一年間見続けて「重よし」そのものを知ってほしかったからです。

国内有数の漁場である瀬戸内海の魚介、温暖な気候のもとで作られる野菜果物、これほどあらゆる食材に恵まれたところは他にありますまい。ならば難しいことはひとつもない。あとは食事をどのように提供するかです。献立は何度か試食会を重ねましたが、よしこれでいこうというところまではいきません。

平成三十年（二〇一八年）六月十二日ガンツウは船出しました。乗船して感じたのは、まだ少し時間がかかるかな、というのが印象でした。陸に上がった日の食事会で、「お願いがあります」と話をしました。それは船で仕事をする全ての人がいつも自分が客であったらという気持ちを決して忘れないでほしい、つまり自分ならこうしてほしい、またこんなことをしてあげたいということでしょうか。クルーズ船は食事の時間が長く取れます。ならばひとつずつ丁寧にどんな時も「私のために作ってくれている」という贅沢さ、満足感、楽しみを感じてもらうことができたら、それこそがガンツウ料理の全てだという話をしました。

たとえば料理の初めにお出ししたものでお客さまが「お！　広島だ、瀬戸内に来てるんだ」と感じとれるものを提供できたら、まず合格だと。十月になったら広島では素晴らしい松茸が採れます。食堂に土鍋を乗せたワゴンを運び、香り豊かな松茸をたっぷり入れて召し上がったら、どれほど喜んでいただけるか。また十一月を過ぎて氷の上に乗せた小さな生牡蠣が一ダースも出ようものならまさにガンツウ料理のハイライトです。しかし、こういったご馳走よりもお客さまの目の前で野菜をボイルし、醤油をふりかけ、おかかをまぶして作った温かいおひたしを出されたら、どんなにか心安まることでしょう。つまり「私のために作ってくれた」と感じられる心づかいの一品こそがガンツウ料理そのものなのです。

＊クルーズ船guntû（ガンツウ）は、広島県尾道の「ベラビスタマリーナ」を拠点に瀬戸内海の島々の間をクルーズするいわば贅沢な小さな宿。

地方の食材とクール便

昭和六十二年（一九八七年）にクール便ができるまでは、地方の食材を手に入れるのは大変なことでした。

名古屋にいるときは宅急便もまだありませんでした。福井県三国の越前蟹《かに》は、竹籠に氷を入れて甲羅を外し、かに味噌は痛みやすいので別のものに入れて列車に乗せ、それを名古屋駅に取りに行ったものでした。河豚《ふぐ》も下関からの列車便でした。東京に帰ってからは築地の珍味屋、㐂多品のお世話になっていますが、やはり、蟹は福井から、五月鱒《さつきます》は岐阜から汐留駅に着いたのを届けてもらっていました。また青物屋さんに頼んで京都から松茸を買ってきてもらったり、新幹線に乗って丹波の松茸の元締めである丹波屋に買いに行ってお客さまへのお土産の松茸籠を用意していました。白味噌でさえ京都の「山利《やまり》」では「夏は東京はダメです。うちは防腐剤入っていませんから持ち帰るなら一キロだけだよ」と言われました。

やがてクール便ができ、航空便と宅配便の連携で電話一本でその日のうちに新鮮な食材が届くようになり、とても便利になりました。でも、地方でしか手に入らない、また味わうことができなかったものまでが届くようになればなるほど、地方のよさも豊かさも含めてその特性を失うと同時に、大切な価値観までもが薄れ、失われていくことが気にかかります。そのことに警鐘を鳴らす人が少ないのはなぜでしょう。

その日の献立

料理店ではお客さまに見計らいのコース料理をお出しする店が多いようです。そのために週に一度、または月に一度、献立を立てると思います。じつは料理を作ることよりも、難しいのが献立を立てることです。その季節、その日にふさわしい献立にできるだろうかということなのです。たとえば和食では長年の習慣で六月から夏仕立てにして、料理も涼しげな献立を考えます。しかし、梅雨時に肌寒い日もあります。そんな日にいきなり涼しさを感じる料理が出されたらどうでしょうか。そんな時にはお腹が温まるような温かいものを始めにお出しすればきっと喜んでいただけるだろうと私は考えます。

決められた献立だからお出しすればいい、というものではないはずです。

どんな時にも、お客さまにどうやったら喜んでいただけるかを考えていなければいけません。そして臨機応変に対応できたら素晴らしいことです。つまり、〝その日〟の献立ができたら料理の八割は完成されたと考えます。

デザートの時間

もう四十数年前になりますが、『沖縄物語』『骨の髄までうまい話』などで知られるエッセイストで評論家の古波蔵保好《こはぐらやすよし》さんと親しくなった頃、「君の店ではこの椅子はひと晩にふたり使うのか」と聞かれ、「いえ、ひとりです（二回転させない）」と答えると、「和食のデザートはどうして果物を出す程度で貧弱なのかい」と問われましたが、当時はそれが当たり前のことと捉えていました。

おっしゃるには、とりわけフランス料理のデザートは何種類もあり、お酒やお茶も変わって、またそこで同席した人と楽しい会話の時間が生まれていく、そこに料理屋が存在する本当の意味があるのだと教えていただきました。そして、デザートを作るならば、僕も手助けできると思うと言われて、すぐに有名果物店の三宝柑のゼリーを持ってきてくださいました。ふたを開けてそのゼリーを上から指でトントンと叩いて、「これは持ち運びのためにかたく作っているが君のところで作ればやわらかいゼリーができないかい。これからは料理屋、レストランのデザート、菓子がおいしいと言われる時代になるよ」とまでおっしゃり、お見えになるたびに次々と宿題をいただきました。

古波蔵さんが亡くなって二十余年になりますが、今ではレストランは言うに及ばず、和食の店でもデザートを工夫される店が増えたのは、とても素晴らしいことだと思います。

どんな店にしたいのか

五十年（半世紀）近くなっても重よしをどんな店にしたいのか、今もってわかりません。長所は必ず短所であるとも言います。ただ自分にとって店がいちばん心地よい空間であることが最大の条件だと思っています。

店のあり方としては全てのお客さまに喜んでいただきたいとは思いますが、やはり喜んでいただける人が半分、満足していただけない人が半分、そんな気がします。

開店して以来、毎日のようにお見えいただくお客さまが途切れたことがありません。まずそのお客さまたちを大切にすることが自分のやらなければならない仕事なのだと思いました。

数《かず》江《え》瓢《ひょう》鮎《ねん》子《し》先生は、「ヨーロッパにはサロンのような食べ物屋があるんだ。そういうお店があったらきっと楽しいだろうな」とよくおっしゃっていました。それを実現するのは簡単ではありません。お客さま同士皆が仲良くなれるわけではありません。あの人がいるから嫌だという方も現れます。そうではあっても、サロンのように通ってくださるお客さまがいらっしゃるからこそ、献立を作るのが大切になるわけです。毎日のことになると時には苦痛な時もあります。でも初物が入った、珍しい物が入った、それを真っ先に出せる楽しみは料理人の醍醐味でもあります。また次から次へと考えていく先にこんなものはどうだろう、これもいいかなぁと自分なりに工夫していかなければ連日お見えになる方には対応できません。その時作った料理が褒められたときには、それが一気に重よしの献立に入ります。

そうやって作った一品ずつが今の重よしの力になっているのだと思うのです。今でも「これでよいのだ」と思ったことは一度もありません。お客さまにただついて来ただけなのかもしれません。結局、お店はお客さまが作ってくださるものではないでしょうか。

のれんの字を書いてくださった人

私が名古屋の重よしの〝のれん〟をいただいて数年後、有楽町に百貨店などが入ったマリオンという複合商業施設ができました。その一角に竹取物語の書が掛かっていました。それを見た瞬間、のれんを書いていただくのはこの人だと思いました。草月流三代目家元の勅使河原《てしがわら》宏《ひろし》先生でした。

さいわい何度か店にお見えいただいていましたから、先生にその旨をお話ししたところ、四十三枚の半紙に「重よし」を書いてくださいました。その時の感激は一生忘れません。

その中から一枚、今の「重よし」の字をいただきました。〝のれん〟はその店の命であり、私の宝物であります。

のれんの重さ

「あなたは何年、重よしをやっているんですか」、外国からのお客さまに尋ねられることがあります。京都には百五十年の時を超える商家が千軒以上あると聞きます。のれんは信用です。時代小説にのれんを形《かた》にお金を貸すという話もありました。初代の人はそれこそ身を粉にしてひたすら働いたのであろうことは、折に触れいろいろなものに書かれています。でも初代は楽なのです。なぜなら比較対象がないこと、だめでもともと、と開き直ることもできるからです。ところが二代目、三代目となると初代以上にご苦労があるのであろうと察します。

重よしもたかだか五十年に満たないくらいで外国の方に驚かれているようでは、まだまだ一人前とは言えないのではないでしょうか。

花を入れる

四十歳を過ぎる頃、茶人で花のデザイナーの栗崎昇《くりさきのぼる》さんが毎昼のようにお見えになり、親しくさせていただきました。六本木に有名な「西の木」という店を作り、ガレ、ドームのガラス、備前の鉢などに花が見事に美しく生けられていました。『花たち』という写真集をいただいて作品を見て気づいたことがありました。それは私なりに主役の花はこれかなと思っていると、別の日にはいやこの花が主役なのではと、見る度に変化するのです。すごい世界があることに気づき始めました。彼は私に「花は野にあるように」と教えてくださり、私の入れた花をいつも見てくれました。

ある時、重よしのお客さまから、銀座の松屋百貨店で日本画の花の絵の個展をするので、栗崎さんに会場に花を添えてほしいと依頼されました。それで栗崎さんにお話ししたところ、「花の絵は花にはかなわないよ」と言われ、もっともだと思いました。当日、開店前に驚くほどの秋の草花を運び込みました。が、使ったのは、天人草《てんにんそう》と芒《すすき》だけでした。天人草を絵の下に横に設わせ、四隅に芒をたっぷり配して、それは個展の絵を見事に引き立てていました。

たくさんのことを教えていただいた栗崎昇さんは令和二年（二〇二〇年）八月四日に亡くなられました。今、私は重よしの七つほどの花器に花を入れていますが、毎日手入れすることがとても楽しく感じられるようになりました。花は笄町《こうがいちょう》の花長さんで手当てしています。ここ数年は、椿の花の季節になると、あえて開いた椿の花を求めます。なぜなら、その花は今がいちばん美しい。「見て見て」と訴えていると思うからです。その日しか使えないものの美しさが私は好きです。

＊笄町の現在の地名は西麻布だが、現在も通称として「笄町の花長」と言われる。

重よしの料理とは…

ある時重よしの料理とは、と聞かれたことがあります。珍しく一晩考えました。まず一つ目は、体にやさしいと同時に食材に対してもやさしく接したい。二つ目は、食べることによって豊かさが味わえる。三つ目は、ほんの少し懐かしい。これが重よしのめざす料理だと思っています。

いつも心がけているのは、私の大切にしている論語の言葉、「行不由径《こうふゆけい》(行くに径《こみち》に由らず)」。いつでも正しく丁寧に仕事をすること、それだけです。私が避けているのは、ご馳走の羅列。食べる人が疲れるような気がします。間にふっと息の抜けるようなものが入ることによって、上質なものはより上質に、おいしいものはよりおいしく、メリハリのきいたバランスのとれた献立になると思うのです。

お帰りになるときふと垣間見るお客様の笑顔が私の支えかもしれません。

＊行不由径・行くに径に由らず」は、小道のほうが早いし景色もよいが、やがて行き止まりも

ある。大道は遠回りに見えても決して迷わない。本道（王道）を歩みなさいという意。

「なぜこの職業を選んだのですか」

遠藤周作さんに「トーク&トーク」（TBS系のテレビ番組）の対談のゲストに呼んでいただいた時に、「あなたはなぜこの仕事を選んだのですか」と聞かれ、うまく答えられませんでした。

決してこの仕事が好きであったとか、そんなことはひとつもありませんでした。幸い親が食べ物屋をやっていただけで、一生食いっぱぐれないかなという程度の考えしかありませんでした。ただ、大学を卒業して名古屋で修業をしていた時、この歳でこの仕事をやめたら決して後戻りできないぞという気持ちはありました。それが持続できた理由かもしれません。

得意な料理

得意な料理は何ですか、という質問を受けることがあります。自分の中ではあれかな、これかなと思いながら、はっきりと答えを出せないもどかしさをいつも感じます。

きっと得意なものは、いつもおいしく同じように作ることが難しいからなのではないかと思います。料理は人の手になるものであり、いつもよい条件で作れるわけではないこともあり、またおいしいものを作りたいという思いが災いになることもあります。それは「あのお客さまにどうしても」という気負いがそうさせるのでしょうか。いつも自然体で作れれば、それに勝るものはなさそうです。

千花《ちはな》の料理

二十七歳でこの仕事を始めてまもなく、毎日のようにお見えになる富樫行雄さんに京都に千花という料理屋があるから行ってみなさい、と言われ母と女房と三人で出かけました。後にも先にもこれほど衝撃を受けたことはありません。大げさに言えば人間がこれほど旨いものを作れるんだと。帰りの新幹線の中で何度もあれ食べた、これ食べたと繰り返し思い出しながら帰り、すぐにひとつずつ挑戦してみました。大概のものは自分なりに再現してみたのですが、たったひとつ湯葉汁が、どうやっても思い通りになりませんでした。山形の大豆をもどしてミキサーにかけて豆乳を作り、生湯葉を作るのですが、どうやっても豆乳の甘さより苦味が出るので、とうとう諦めました。後に唐津の川島豆腐のご主人から、ひと晩豆乳を寝かせないと苦味が抜けないのだと教わりました。

その尊敬する千花のご主人永田基男さんから予約の電話をいただきました。十二月の初旬だったと思います。「もしもし」と聞き覚えのある特徴のある声で、お客さまは古波蔵保好さんと鯨《くじら》岡《おか》阿美《あみ》子《こ》さんで、重よしでご馳走したいと。たった一言「おいしいものをお願いします」と。

　ところがその日にすっぽんのスープをとればめったに濁ることのないスープが生臭くなり、当時買っていた三浦半島佐《さ》島《じま》の鯛がいまひとつ脂ののりが悪く、買った河豚《ふぐ》もよくない。その日には本鮪《ほんまぐろ》の入荷がなく、ばち鮪しかない、それも買ったのですが全く気に入ったものが手に入らずスタートしました。忘れもしません。河豚のアラの唐揚げの後、百合根を饅頭にして蒸し、梅肉を入れて葛どきした汁をかけたものを合いの手に入れたとき、「重よしさん、これはよいですよ」と一言褒めていただきました。その時、緊張すればするほどうまくできないことがわかりました。

　帰りの車の中で永田さんが「先生、この店はいいですよ。今日は彼の出来が悪かったのだ」とおっしゃったと後年、古波蔵先生からお聞きしました。このご縁で、先生はお亡くなりになるまで、東京にいらっしゃる時は毎週必ずお見えいただきました。

重よしの弁当

さて、おいしい弁当とはどういうものを言うのだろうか、今もってこれでよいのだと思えないほど難しいものです。弁当は料理屋にとって常日頃の料理の集大成ですが贅沢に作ることではなく、迷い箸をすることもなく白いご飯とおかずをきれいに食べ終えるというのが私の理想です。私が思うには基本的にごはんは白飯。そのごはんは冷めてもおいしいというのが肝心でしょうか。

若い時分に同じお客さまに三日間お弁当のご注文を受け、悪戦苦闘して違うものを作りました。自分としてはよくやったなと思っていましたが、そのお客さまにたった一言、「弁当は奇をてらってはいけない。同じような弁当になってなぜいけないのかな、弁当には定番というものがあって、同じものでありながら同じように作れないんだから変えようとするのはむしろ間違いないんだ」と言われました。それ以来、重よしの弁当の形というものができるのに大変な時間がかかりましたが、お客さまの声を自分の中に取り込んで自分なりのものに仕上がってきたのだと思います。

　またある方には、「折りの形を変える、または二段重ねにする、包装紙をそのときにふさわしく変える、それだけで別のものになることも覚えておくといいよ」と教わりました。

おせち料理

　昭和四十二年（一九六七年）十二月三十一日、名古屋の重よしから初めておせち料理を東京に持ち帰った時のことは克明に記憶しています。あれはまさに〝お重詰め〟そのものでした。ひとつひとつの料理をここまで寸法から味つけに至るまで丁寧に作り上げていることにただただ驚くばかりでした。五年間名古屋で働きました。

　昭和四十七年（一九七二年）の暮れは、自分自身が初めて実際に作るおせち料理が、形なりにもできるだろうかと不安ばかりでした。材料の手当、折りの手配、取り箸、風呂敷、掛け紙、注意書……何から何までわからないことだらけの船出でした。通常の仕事納めから、これで大丈夫だろうかと毎日が不安の連続でした。

おせち料理の食材の量はそれまで携わったことがなかったので、どのくらいの量を買っていいかわからず、多め多めに手当てしました。それでも形だけの自分のおせち料理が三十一日の大晦日に出来上がりました。が、およそ出来のよいものに仕上がらなかったのも当然のことだったでしょう。残った料理と食材は、なんと折りに入れた分量分がそっくり在庫として残りました。どれほど自分が材料に対して無知であったかを思い知らされたことが、思い出されます。しかし、これほど残してしまったことは、一見無駄のように思われますが、初めての経験に必要だったのでしょう。それは決して無駄なことではなかったはずです。

その後、毎年のようによりよい食材を求めるようになりました。そして、おせち料理がどのようなものであるかを教えてくださる方たちに恵まれ、本当にひとつずつひとつずつ形になっていきました。初めて作った二十七歳の時よりも徐々に進歩してきたと思います。

そして何よりも大切にしたのは決して材料の質を落とさないことと、決して三が日傷んではならないということでした。恐る恐る正月にお客さまに、今年のおせちはどうだったでしょうかと不安を抱えながら電話で聞き、今年は去年よりよくできていると言われたそのたった一言が救いでした。箱崎町の鯛ふじの大藤さんからは、暮れに気温が高いときには野菜の煮しめなどは通常の二倍の時間をかけて煮ると傷みにくくなるのだということも教えていただきました。

今も毎年、自宅に三段、二段、一段とおせちを三つ持ち帰り、正月に毎日ひと口ずつ食べて、詰め方や次の日にはどのように変化していくかを見て、何が悪かったか何がよかったかも反省しながら次の課題とし、三日の夜には一段の全商品をひとつずつ食べて痛んだものがなかったかを確認し、それでその年の私のおせちは終わります。それでも「これでよい」と思えることは決してないのがおせち料理というものなのでしょうか。

はじめて泣いた日

平成十五年（二〇〇三年）八月二十六日火曜日、ある会社の会長の一周忌で、ホテルでの招待客五百名の仕事をいただきました。もちろん数店のお店とご一緒です。

重よしが出品する料理のひとつとして竹筒の容器に入れた「枝豆のすり流し」を予定しました。その竹筒は輪島の漆器店の奥田さんが山から竹を切り出して、きれいに削って送ってくれました。また土曜日に築地市場に新潟の茶豆（黒埼）が入いらず、新幹線で届けてもらいました。日曜日に全員で豆をゆで、あたり鉢で裏漉《うらご》しをして作っていると、当日会場で鮪の握りを出す「すし貫」のご主人がみえました。そして彼はすぐに店に連絡をして、若い衆を重よしに手伝いによこしてくれました。そのおかげで夕方には出来上がり、すり流しに使ったミネラルウォーターの容器に入れました。

さて、当日火曜日、会場で容器の栓を抜いた瞬間、プシュッと音がしました。傷みかけていたのです。迷わず、すべてのボトルの中身を流しに捨てました。精魂込めて作ったものを提供できなかったのです。原因はたったひとつ。冷蔵しても冷えにくいペットボトルに入れたことです。いつもなら決してすることがないのに、なぜ入れたのだろう。店に戻り従業員の前で、せっかく作ったあのすり流しが傷んでお客さまに出せず、皆の期待に応えられなかったことを詫びながら涙が溢れてきました。休みを返上して応援を出してくれた「すし貫」さんにも申し訳なくてたまらないことでした。翌日、主催の会社は言うに及ばず出店された各店に、献立表に書かれてあった料理を出せなかった非礼を詫びて頭を下げに行きました。その情けなさ、そして自分の甘さに恥じるばかりでした。

それでもこの時、唯一の救いがありました。自分の夏休みを返上して主催の会社の秘書の方と会場のホテルの担当者と話し合いを重ねて、重よしの精進の吹き寄せを折り詰めにして、召し上がらない方にはお土産として持ち帰ってもらう許可（ホテルからの持ち出しは原則的に禁止だった）を取り付けたことです。その折を包む包装紙は、あの『子連れ狼』の原作者の小池一夫先生が「故人のようすがを偲ぶ」と伝わる〝ほおずき〟を描いて、自費で作ってくださいました。

この一周忌の仕事で、じつに多くの人たちに助けていただきました。自分ができるすべてをやったのですが、ひとつのミスで全てを失うという惨めさも辛さも、商売という人生の中で初めて味わうものでした。

食器と料理

和食器は世界の食器の中でも際立ってあらゆる種類のものを求めることができます。中華料理の器も明・清代までは素晴らしいものがあったことでしょう。なかには今に伝わるものもあります。

北大路魯山人《きたおおじろさんじん》は、「食器は料理の着物である」と言っています。けだし名言です。銘品であれば料理が映えるわけではありません。辻嘉一《つじかいち》さんは、夏は涼しげに感じるように磁器またはガラスなどを六割ほどに、また冬は暖かく感じるように陶器などを増やすようにと説いていらっしゃいました。また は料理に対して器の形状である深さ、形、色のみならず寸法も大事です。料理を盛りつけるときには少し余白がある方が美しく見えます。また食器の中に一点は漆器を混ぜるとバランスがとれて美しい組み合わせになると思います。

今でも欲しい器があるとつい求めてしまうのですが、それには理由があります。あの料理にはまさにこの器がふさわしいのでは、と思うとつい手が出てしまいます。また料理を作る人にとって大切なのは、その器を見てどんな料理を作ろうか、どんな料理がふさわしいかと想像することです。同じ器を使い続けていると新しい発想が湧かなくなると思うのです。料理は器をよび、器は料理を呼ぶのです。

またよい器を求め、使うと、大切にする心が生まれます。しかし、注意していてもどうしても破損してしまう場合があります。その時は金継ぎで繕って使いたいものです。器の繕いは日本が世界に誇る文化だと私は思います。

旨いとは

料理でこの作り方がいちばん正しい、これがいちばん旨いなどというものはないはずです。ただ、料理には作り手の人格が確実に出るものです。ときに料理は旨い、まずいを超える部分があります。それは作り手が丁寧に思いを込め、機械などは使わず、正しく作れば食べ手に必ずその思いが伝わるからだと思っています。ときには感動することさえあるかもしれません。つまり決して手を抜かないで作られた料理は「旨い」につながるのではないでしょうか。

最近、雑誌やテレビなどでよく「食材のもつ旨さを最大限に引き出しています」とか、「料理は引き算です」とか安易に言う人が多いように思います。そして当たり前に「材料にはこだわります」と言う人もいます。〝こだわる〟の真の意味はどういうことなのでしょう。〝こだわる〟という言葉は決してよい言葉ではないと思うので簡単に使ってはほしくはありません。また、もち味を最大限に引き出すということは、どうやったら引き出せるのかと考えることです。

引き算をするには、素材がよくなければ引き算のしようがないのです。旨さを最大限に引き出すとは、どのようにして、どうやったらよりおいしくなるだろうか、またどれほどの時間をかけたらよいのか、火加減はどうか、あらゆることを想像しながら料理と向かい合いって作っていくことだと私は考えます。

料理は単なる思いつきでもよし、また洋食からあるいは中華料理から手法を学ぶこともできます。工夫には限りがないはずです。どんな思いつきでもいい。挑戦してみてダメなら諦めればいいだけのことです。それでも時に驚くほど旨いものができるものです。

サービスについて

たとえばパリのレストランなどで驚くのは、料理を作っている人はもとより、客を直接もてなして厨房のシェフへの代弁者であるサービスをする人たちのレベルの高さです。日本によくある慇懃さなどとは違って、伝わらない言葉のなかにも大切にしてくれている優しさは伝わります。チップで生活しているからだと反論する人がいますが、大変な経験にもとづく常識を踏まえた上で、近くならず遠くならずというよい距離で注意深くお客さまに接しています。悲しいかな最近の日本では心からの言葉ではなく、マニュアル的な対応がに出会うことが多々あります。

重よしでも最近は外国のお客さまがとても多くなりました。言葉は伝わらなくても思いは必ず伝わります。気に入っていただくと次があります。またその方の紹介でいらっしゃる方もいます。言葉の伝わらない分だけ、これはなんだろうと大切に食べていただけます。そして帰られるときのお顔が思いを雄弁に語ってくれます。

マーケティング

「やー、サトウさん」と、顔が合うと声をかけてくださった慶応義塾大学商学部の名物教授でありマーケティングの第一人者、故・村田昭治先生から教えていただいて大切にしていることがあります。

先生は夏冬問わず、最初に口にするものは必ず温かいものを出してほしいとおっしゃいました。考えてみると、初めに温かいものを食べると体がさぁ食べるぞというシグナルを発するのではと思い至りました。この事は今でも重よしでは常日頃心がけるようにしています。

それと先生ほどこまめに思っていることを書いて送ってくださる方を知りません。先生曰く、先手必勝なのだと。お礼の手紙はすぐに書くこと、郵便番号は必ず入れること、要領よく手短に正確に。電話番号も必ず入れること、留守電には必ず録音に入れること。ひとつずつ思い出すと限りがないのですが、パーティーでは「日本人はお仲間とばかり話をしている。どうして初めて会う人と会話をしないのかね。僕なら自分から名乗って声かけをする」とおっしゃっていました。また一度でも会ったことのある女性には、苗字ではなく名前で呼びかけていらして、ひとりの女性として接していることがよく伝わります。行きつけの店の人たちにも名前でおっしゃいます。

これらのこと全てが、じつはマーケティングそのものなのだと私は理解しています。

旨すぎてはいけない

永谷園の故・永谷博さんとのお話のなかで「旨すぎてはいけない」とおっしゃったことがありました。旨すぎるとは、それ以上がないということでしょうか。消費者が何かもの足りないかな、もっと旨くするにはと調味料や香辛料などを足してみるなどする、少し欲求不満の部分を残してあげるということでしょうか。

中華料理店では醤油、ラー油、辛子などがテーブルに置いてあって、あとはお好みに作ってください、ということと重なるような気がします。インスタント食品、レトルト食品も基本的に同じことなのだと思いました。

雑誌掲載と写真家、大倉舜二さん

初めて夢の雑誌『ミセス』『婦人画報』『家庭画報』から取材の話がきたのは四十歳になる直前であったと思います。この三誌はいつも名だたる名店ばかりが取り上げられていましたから、いつか載るぞという思いは膨らむばかりでした。

最初に『家庭画報』さんからいただいた話は新幹線に乗って弁当を食べようという企画だったと思います。神戸までの道すがら私のお気に入りの店を数点載せていただきました。その時の担当の方が東京の弁当を重よし一店にしてくださったあの気遣いは忘れません。

『家庭画報』に載せていただくと立て続けに雑誌のお話を依頼いただくよ

うになりました。『ミセス』からお話があったときは、大倉舜二さんに写真を撮っていただきました。そのとき、「また大倉さんにお願いできますか」と尋ねたら、「十年雑誌の仕事を止められるか」と聞かれ、「やめます」と答えると「その時たくさん撮ってあげよう」とおっしゃってくださいました。

その後いろいろお声をかけていただきましたが、メディアのお話は雑誌に限らず避けて、店に来てくださるお客さまをもてなすことに集中しました。それから十二年後、『婦人画報』から一年間の連載の話をいただき、お受けしました。大倉さんとは再会を果たしていませんが、十二年という歳月があればこそ、その連載の仕事を楽しんですることができたと思っています。あの時の大倉さんの言葉に心から感謝し、人と人とのご縁を思わずにはいられません。

母の言葉、父の言葉

私が大学を卒業して、縁あって名古屋に修業に行く直前に母から言われた言葉は、今もとても大事に大切に思っています。それは「店を辞める時は惜しまれて辞めてきてちょうだい」「働いている時は自分の店だというつもりで仕事をしなさい」。この二つです。ほかのことには何も触れませんでした。明治生まれの母が商いの中から気づいたことだったのでしょうか。

重よしを始めてからしばらくすると暇な日が続きました。その時にも母は「捨てる勇気を持ちなさい」と言いました。つまりお客さまに食べていただくには少し不安かなと思う材料の始末のことでしょう。「それはまかないで食べれば済むこと」だと。また重よしが少し軌道に乗った頃、「商売をしているといると一度や二度とてもおいしい話が来ると思う。でもそういう話には乗らないこと。それよりもいつも本業で利益を出すことを考えなさい」と。

また父は寡黙な人でしたが、ひと言「人の目につく贅沢は慎むように」と言いました。

若い人たちに

料理は誰でも作ることができます。しかしお金をいただける料理を作るのはとても難しいことです。なぜなら、「これがいちばんおいしい」という基準がないからです。また、お客さまが高い代価を支払えばおいしいものが食べられると思うのも錯覚です。それも確かな基準であることも事実なのですが、どんな名人をもってしても素材が悪ければおいしいものができないと思うのです。それをそこそこ食べられるものにするには素材が何であるかわかりにくくする、つまり足していく料理をするしかないのです。それは上質な料理とはいいがたいでしょう。

小島政二郎氏の『味見手帖』に鶴屋先代社長の言葉が紹介されています。それは「商売とはお客さまに親切を尽くす事だ。お客さまに親切を尽くすということは、云い直せば、いい材料を使う事と、仕事の手をぬかない事の二つしかない」。この言葉を忘れないようにしたいと思うのです。

人として大切なことは、料理人である前に人間として素敵な人であるべきです。料理しかできない人になってほしくないのです。市場で仲卸・仲買の人の対応を見ていると、時に本当にこの方は大切にされているのだとわかる人に出会います。思わずあの方はどこのお店の方ですかと聞いてしまいます。今でもそういう人になりたいと思っています。

まず叱られたり怒られたりする人になってほしいのです。自分ばかりがどうして、と思う人がいるかもしれないが、それは怒りやすい、叱りやすい人にしか上の者は言わないからで、それを苦痛と思わずに、むしろ他の人の代わりに怒られているんだという気持ちを持ってほしいのです。そういう人には必ずよい仕事が回ってくるはずです。

また仕事は教えてもらうものではなく、盗み取るものだと知って欲しいのです。教えてもらったことは簡単に忘れるが、盗み取ったものは決して忘れないものです。仕事はひとつひとつの積み重ねが大切なのであって、いつも目立たないけれど何をやってもきちんとする人だけが誰からも信用されるのです。

仕事が回ってきたら、「これはできません」と尻込みしたりやらずに決めつけたりする人がいますが、大変見苦しいことです。なんでもやってみるうちに知らず知らずにいろいろな食材や料理にふれ、いろいろなことが見えるようになり、そこで学ぶことがたくさんあることに気がついてほしいと思います。

通常、店では昼夜のまかないを若い人がやることが多いと思います。じつはこれほど自分自身の技術を高めるものはないのです。なぜならば、お客さまにはもう使えない食材をどのように作ったらおいしいものができるか、また常日頃の栄養も偏らないように工夫する、味の濃すぎるものは控える、など様々なことに気をつかうことが必要で、それがきたるべき将来への自信となっていくからです。

最近は料理人を高く評価してくださる人が大勢いらっしゃいます。優れた技術を持ち合わせる料理人もたくさんいらっしゃいます。半世紀ほど前はよい料理を作ることができれば料理人はよしとした風潮も少なからずあったような気がします。しかし私は人格の素晴らしい人が好きです。

私は料理学校に出向いた時に生徒たちに言うのは「料理人である前に人間たれ」と。我々の若い頃にはうちの子は出来が悪いから板場さんにするのだなどと、まことしやかに言う人がいたものでした。今は出来がよいから料理人になるんだという時代になってきたと思っています。そして大いに学び、料理人の地位向上を目指してほしいと願っています。

飽くことのない工夫と進化

日本料理は江戸時代の文化年間に大半が完成されたと言われています。時代とともに料理の提供の仕方は変わっていきますが、北大路魯山人《きたおうじろさんじん》の出現以来、料理は時間を見計らって出すように変化していったと聞いています。

料理屋の料理は一年の暦のなかで季節の移り変わりとともに変化していきますが、それだけではなく時代とともに少しずつではあっても大きく変わっていかなければ、食べる人たちつまりお客さまにとってはマンネリと思われるようになりかねません。

現代では毎食外食なさる方が数多くいます。そのためにたくさんのお店があるわけです。それでもいずれは限られたお店に絞られていくようです。なぜならば好みも食べる量もわかって作ってもらえて、わがままがきき、通うことによって大切に扱ってもらえるからだと思うのです。

ここで大切なことは、その関係が継続するか否かは、料理を作る側の裁量にかかってくるということです。よくお客さまに「いつ行っても会うお客さんがいるね。飽きないのかね」と聞かれます。答えはたった一言「それは飽きるでしょう」と答えるしかありません。それをどのように解決するかは、作り手の飽くことのない工夫と進化だけではないかと思っています。

想い出

二十年ほど前になりますが、あるお客さまがご自宅で病気療養をしていました。五月の連休明けの夕方に奥さまが、「お願いがあります。私の作る食事を一切受けつけなくなりました。なんとか主人の食べられるものを作ってくれませんか」と……、無理かもしれないが、でもこの仕事は絶対に引き受けるべきだと思いました。幸いすぐ近くにお住まいでしたので、昼晩ほんとに少量ずつ作っては運んでもらいました。

その時に注意したことは一口でもよい、その時に何が食べたいのかを気温湿度を肌で感じながら献立を作ることでした。あるときには、鮪の中トロを二つ握って、酢飯が冷めないように湯をくぐらせて温めた発泡スチロールに握りたての寿司を皿ごと入れて運んでもらいました。実際、何が食べられるかわかりませんでしたが、絶えず自分が具合の悪い時に何が食べたいだろうかと、それればかり考えていました。それから二か月、七月の初旬に他界されましたが、本当に貴重な勉強をさせていただきました。

毎日の客人

数江《かずえ》瓢鮎子《ひょうねんし》先生と出会ったのは、原宿に住まいを移された後、「いけばなむらさき会」を創流した今は亡き楠目《くすめ》ちづ先生の紹介でお見えになったのが最初でした。それ以来、月に二度ほど秘書の方とお見えになりました。なんとも絵になる方でしたが、はじめは何をされている方か全くわかりませんでした。そのうち倫理思想史の教授であり、お茶人でもあると知り、なるほどと思いました。

親しくなるのにさほど時間はかかりませんでした。なぜなら自信のあるものをお出しすると、そのお顔で判断することができました。後年、「初めて重よしに来たときに君が出したはまぐりの茶碗蒸しに、はまぐりのむき身がひとつ入っていたけれど、そういうのを野暮と言うんだよ。お客さまにわかってほしいと思ったのだろうけど、人にわからなくてもいいんだよ。少しでも興味のある人は、なんだろうと想像して、わからなければ必ず聞いてくるはずだから」とおっしゃったのです。先生のその言葉で迷いが消え、「何も入らない茶碗蒸し」が重よしの料理となりました。

たまにお客さまから食べる前にこれはなんですかと聞かれることがあります。近頃ホテルなどでは料理が運ばれてくると、まず説明をするのが当たり前になっていますが、食べることが好きな人には全く無用なものです。これは何かな、どうやって作ってあるのだろうかと想像する楽しみまで奪っているような気がします。数江先生がおっしゃるように、お客さまはおいしいと思ったもの、気になったものは必ず尋ねてくださいます。

先生と親しくなってからは毎晩のようにお見えくださり、おかげで毎日の仕事がとても励みになりました。今日は何が食べたいだろうか、こんなものが手に入った、これはどうだろうか、と考えるのがたまらなく楽しかったのです。やがて金沢にお茶事の指導に年に二、三回、唐津の陶芸家、中里隆さんの所には夏期休暇に、岐阜・多治見での作陶と絵付けに、そして京都にもよくご一緒させていただき、ご自宅のお茶の稽古にも頻繁に伺いました。何を質問しても答えてくださった。まさに自分にとっては師であり父親でもあったのだと思っています。

先生は時々、「そうか今日はこれが食べたかったんだ」とおっしゃる時がありました。そんな時にやっと先生の生活の一部になれたのかなと嬉しく思いました。もともとからだの丈夫な方ではなかったのでお加減の悪い時は香りの強い野菜、豆の匂いが残る豆腐などは食欲が出ないということ、なるべく喉にすっと通っていくものを用意すればよさそうだということも勉強になりました。

お亡くなりになる平成十五年（二〇〇三年）五月二十八日まで三十年余り、言葉に尽くせないほど勉強させていただきました。最も印象に残っているのは「料理人として食材のもっているすべての旨さを引き出す人を達人というう、食材のもっていないものまで引き出す人を名人というのだよ」とおっしゃったことです。

名古屋にて

昭和四十二年（一九六七年）三月、初めて名古屋駅に降り立ちました。工事中の騒音と埃が舞っていました。名古屋「重よし」での一週間の研修期間のようなものです。すぐに白衣に着替え、鰹節《かつおぶし》を削りました。誰もがそうであるように爪と指先をすぱっと切り、痛い思いをしました。一日を終え、当時はどこでも住み込みですから頭女中さんに教えられるまま座敷に布団を敷いて休みました。ところが夜中に私のふとんに先輩が入ってきました。聞けばひとつの大きめの布団に二人が休むのだということで、その一日だけでびっくりすることばかりでした。この一週間を終え、大学の卒業式に帰り、四月一日より名古屋「重よし」にお世話になることになりました。

名古屋の「重よし」のご主人は美濃羽重喜さんといいます。、高砂殿という結婚式場の料理の出張もする店で、男の人が二十人ほどいました。我々新入りは洗い物、魚の水洗、田舎という支店のお昼時の手伝い、後片付けと仕事は山ほどありました。言われるままに仕事をしているうちに一年近く経ったとき、自分で何かしなければという思いが芽生えました。そこで自分ができることは何かと考えて、最初に手がけたのは先輩が研いでいる店の包丁二十二本を研がせてもらうことでした。面倒な仕事は喜んでやらせてもらえます。初めは研いでも研いでも刃が立ってきませんが、習うより慣れろでした。そのうちひとりよりふたり、ふたりより三人の方が効率がよいことに気づき、仲間を増やして先輩のやりたがらない仕事を少しずつ少しずつ手がけていくと、面白いように仕事量が増えてきました。我々のチームはひとつの勢力になって可愛がってもらえるようになり、やがて器の管理を任せてもらい、主人の作った献立の器を取り揃えるようになってくると、自分がその献立に立ち会っているつもりになっていきます。

五年目に入った時です。おかみさんの昼と晩の食事を作るチャンスが来ました。しばらくはお店で出す料理をバランスよく組んで作りましたが、七月下旬の暑い日の昼にたまらなく焼きそばが食べたくなり、いかのゲソとキャベツを入れた焼きそばを作りました。その時、おかみさんから「どうして私が今日松坂屋の本店に妹と焼きそばを食べに行くのを知っているの」と言われたのです。その時に初めて、毎日の食事のヒントはここにあるのだと知りました。以来おかみさんには自分がその日食べたいものを作ってお出しするようにしました。じつは今日《こんにち》、毎日のようにお見えになるお客さまに対応できるのは、その時の体験によるものだと信じています。

あとがき

二〇二二年の年が明けると重よしは満五十年を迎えます。四年ほど前、作家の西村眞さんに、いつも君の話していることがとても面白いので書き溜めて本にしようよと、勧めていただいたのがきっかけで、三年半かかりましたが思いつくまま、重よしを始めてからの思いのたけを書いたつもりです。この五十年は私にとってかけがえのない年月になりえたのかわかりません。

今思うと、この仕事を選んだのは、私自身がきっと人との関わり合いが好きだからなんだと思うのです。仕事が一段落したら、お客さまと話をするのが私にとっての至福の時です。だから何でもできることはして差し上げたい。そして気がついたらこれだけの年月が経っていたということでしょうか。お客さまに守られ、育てられ、世間知らずの私にはお客さまはまさに先生そのものです。

よく食べ物屋は、利益のでない仕事などする必要はないと言う人がいます。しかし私は食べ物屋ほど無駄ばかりで非合理的な職業はないと思っています。でも一見無駄と思える先には誰もわからない世界が待っているのかもしれません。二十七歳の時、新ばし・金田中の先々代のご主人から「知らないうちにこれも買えた、あれも揃った、それが商売家の後からついてくるもうけなのだ」と教えていただきました。そして、ひとりでお見えになるお客さまを大切にしてきた積み重ねが、とてもよかったのだと思っています。

歳とともに知らないことの多さに気づくと同時に、体力の衰えにもかかわらず仕事そのものはよくなっているように思えます。それは働く従業員のレベルが確実に上がっているということからも実感できます。なかでも創業以来支えてくれている大野保、彼がいなければ重よしはあり得ませんでした。彼の仕事に対する姿勢、丁寧さ、誠実な態度を誰もが大切にしてくれます。

この本のタイトルである「重よしの呼吸」は村松友視さんに付けていただきました。序文は林真理子さんが書いてくださいました。

前回の重よしの本でお世話になった亀山和枝さんに、本を出したい旨を相談したところ、大和書房さんが出版してくださることになり、担当の長谷川恵子さんには何度も足を運んでいただきました。写真は今回も木村拓さんが撮ってくださいました。

私の拙い文章をお読みいただきありがとうございます。

佐藤憲三　さとうけんぞう

1944年東京生まれ。立教大学経済学部卒業後、67年名古屋「重よし」入店。
72年原宿に東京「重よし」開店。
著書に『重よし　料理覚え書き』（プレジデント社）。

東京 重よし

住所：〒150-0001　東京都渋谷区神宮前6-35-3　コープオリンピア 1F
電話：03-3400-4044
営業時間：昼　12：00～13：30
　　　　　夜　17：30～22：00（ラストオーダー21：00）
定休日：日曜・祝日の振替休日の月曜、5月連休、8月中旬、年末年始

ブックデザイン	横地綾子（フレーズ）
写真	木村拓
編集協力	亀山和枝
校正	メイ
本文印刷	光邦
カバー印刷	歩プロセス
製本	小泉製本

重《しげ》よしの呼吸《こきゅう》
料理読本《りょうりどくほん》

2021年11月20日　第1刷発行

著　者　佐藤憲三
発行者　佐藤靖
発行所　大和《だいわ》書房
〒112-0014
東京都文京区関口1-33-4
Tel 03-3203-4511

ISBN978-4-479-78544-6
乱丁本、落丁本はお取り替えいたします。
http://www.daiwashobo.co.jp/